알면 편하고
행복해지는 것들

덕문 스님의 계율이야기

알면 편하고
행복해지는 것들

덕문 스님의 계율이야기

불교신문사

덕문스님

영축총림 통도사에서 성파스님을 은사로 출가해, 범어사에서 사미계를, 통도사에서 구족계를 받았다. 현재 조계종 단일계단 교수사 갈마사, 사미계 수계교육 유나, 계단위원회 계단위원, 영축총림 통도사 영축율학승가대학원장을 맡고 있다.

以 戒 爲 師

누구를 의지해서 수행해야 하는가
계율로써 스승을 삼으라

머리말

무한한 자비심을
가슴깊이 느끼며

한국사회에서 느낄 수 있는 계율에 대한 이해정도는 술과 고기를 먹지 않는 스님이 청정한 스님이고 계율답게 사는 스님이라고 보는 시각이 일반적인 것 같다. 승가 내부에서도 수계산림을 통해 터득한 오편칠취의 바라제목차에 대한 이해는 조금 갖추고 있으나, 여법하게 승단을 운영하는 각종 제도에 대해서는 활용가능한 정도의 접근이 이루어졌다고 보기 어렵다는 생각이 든다. 계율에 대해 공부하고 강의를 하면서 이러한 사정이 계율에 대한 오해를 만들어 내는 결정적인 요인이 되었다는 생각을 자주 하게 된다.

부처님께서는 개인의 깨달음도 중요하게 생각하셨지만 승가 공동체의 성립과 유지를 더욱 중요하게 생각하셨기에 비구가 되려면 의무적으로 5년까지는 계율을 공부하게 하셨고, 이 과정을 통해서 여법여율(如法如律)하게 승가공동체를 운영하는 방법과 청정한 지계의 실천을 통해서 사부대중들이 공경하고 감동할 수 있는 스님들의 모습을 갖추도록 하셨다. 그러나 한국불교의 수행전통을 보면 참선과 경학을 연찬하는 데 치중하고 상대적으로 계율은 소홀히 여겼으며 심지어 계율을 무시하거나 거추장스러운 존재로 생각하기까지 했다고 볼 수 있다.

계율을 연구하고 강의하면서 계율에 대한 이해가 부족해서 오해하고 있는 부분이 너무도 많다는 생각을 갖게 되었는데, 때맞추어 〈불교신문〉을 통해서 계율에 대해 이해를 높이고 오해를 풀어낼 수 있는 글을 부탁받아 2년에 걸쳐서 연재했던 내용이 이제 한 권의 책으로 묶어지게 되었다.

이러한 인연을 통해서 스스로도 계율에 대한 이해가 부족함을 절감했고, 부처님의 승가를 향한 무한한 자비심을 가슴깊이 느끼게 되었으며, 여전히 이 시대에도 부처님의 계율정신으로 법륜이 쉼 없이 구르는 데 소중한 역할을 할 수 있다는 중요성을 절감하게 되었다.

그러므로 이 글들은 부처님의 계율정신에 쉽게 접근하여 계율에 대한 오해를 풀어내고, 올바른 승가공동체 운영을 위해 필요한 내용에 대한 이해를 높이는 데 조그마한 역할이라도 했으면 하는 마음을 담아 쓴 결과물이라고 볼 수 있다.

글을 쓸 수 있도록 자리를 펴 주신 〈불교신문〉에게 감사를 드리고, 한 권의 단행본으로 간행될 수 있도록 마음을 내 주신 불교신문 출판부와 도서출판 '맑은소리맑은나라'의 임직원 여러분께 감사드린다.

  또한 계율에 대한 관심을 갖게 해 주시고 지도해 주신 여러 스승님과 율원소임을 보는 동안 격려와 보호를 해 주신 영축총림의 방장 스님을 비롯한 여러 어른 스님께 존경의 예를 올리며, 환희심으로 율장을 연찬하며 청정여법승가 구현을 위해 노력할 것을 발원한 모든 율원대중께도 감사드린다.

                                      불기 2561년 하안거 해제일에
                                            百忍頭陀 德文 和南

목 차

알면 편하고
행복해지는 것들

머리말 … 8

제1장 승가여! 청정승가여!

계율로써 스승을 삼으라 … 21
계율! 왜 필요한가 … 25
율장, 어떻게 이루어졌는가 … 30
승단과 교단은 어떻게 다른가 … 34
승가와 수행승 … 37
율장정신의 구현과 승가교육 … 42
승가교육제도와 사미 … 45
바라제 목차와 참회 … 50
건도부와 교단운영체계 … 55
삼장의 결집과 운용 … 61
다툼을 없애는 법 … 65
승가공동체의 운영과 갈마 … 69

여법한 갈마를 위한 조건인 족수 … 74
갈마로 도량을 만들다 - 결계 … 78
승가 위계질서의 기준 - 좌차 … 84
안거제도와 수행교단 … 88
스승과 제자의 책임과 의무 … 94
소임자의 자격 … 100
포살, 청정승가의 유지조건 … 104
자자, 청정성을 유지하는 최고의 행사 … 109
출가와 효도 … 116
은퇴자 출가와 장애인 출가 … 120
출가! 축하하고 찬탄할 최고의 선택 … 123

목 차

알면 편하고
행복해지는 것들

제2장 율장정신의 활용

계율, 깨달음의 도반인가, 잔소리인가 … 133
승가바시사와 출죄 … 137
수계와 지계 그리고 계체 … 141
범계와 벌칙 … 146
정법, 원칙은 지키되 편리를 도모하다 … 150
출재가의 갈등해소법 … 156
여초부지갈마, 감정을 조절해 화합하는 법 … 160
스님들의 인연관리법 … 166
율장을 비구·비구니 외에는 보지 못하도록 한 이유는 … 170
해제, 모든 이의 이익과 행복을 위해 떠나라! … 176
정인, 청정승가를 돕는 울타리 … 180
종법의 멸빈과 율장의 불공주 … 186
결계와 포살제도 시행의 아쉬움 … 190
동계록의 발행과 좌차 … 196
폭력과 자살 … 200

제3장 승가의 위의와 의식주

위의, 내면의 안정거울에 비치다 … 207
무소유와 소욕지족 … 211
분소의와 가사 … 16
살생과 음식문화 … 220
수행자의 음식 … 226
수행자의 집 … 230
객승과 객실문화 … 234
주거 공간의 효율적인 사용 … 238
스님들의 주거공간 … 242
걸망과 승용차 … 248
신발과 걸망 … 252
사방승가와 현전승가의 물건 … 258
망승의 소유물 처리법 … 261

목 차

**알면 편하고
행복해지는 것들**

제4장 계율정신의 확장과 삶의 향기

성문계와 대승보살계의 차이 … 269
대승보살계 정신 … 274
대승십선계 … 278
대승계와 보살계 … 284
율장과 청규 … 288
시간이 흐를수록 향긋한 삶 … 292
흐르는 물도 아껴 쓰는 마음 … 295
사찰, 수행과 교화의 장소 … 299
함께 살아가는 지혜 … 303

제5장 재가불자의 계율

삼귀의계, 불자가 되는 첫 관문 … 311
오계, 불행의 기본이 되다 … 315
팔관재계, 출가수행자의 삶과 함께 하려는 염원 … 320
보시 · 지계는 천상에 나는 법 … 325
재앙과 재난을 맞이하는 법 … 330
재가불자와 경제력 … 334
복덕이 구족한 삶을 위하여 … 340
절, 성품을 공경하고 무명을 절복받는 일 … 344
지도자의 덕목 … 350
여래의 지혜덕상은 지계로 이루어진다 … 356
한 그루의 나무를 심자 … 360

많은 방편으로 비구들에게 가르치기를
서로서로 가르치고, 말을 듣고, 그때그때마다
잘못이 있으면 깨우쳐주라고 했거늘
너희들은 어리석어 벙어리 법을 받았다.
이제부터는 이러한 벙어리 법을 받지 말라.
만일 이와 같은 벙어리 법을 행하면 돌길라죄이니라.

계율이야기 ❶
승가여!
청정승가여!

계율로써
스승을 삼으라
以戒爲師

얼마 전 '출가에서 열반까지 특별수행기간' 동안에 법회에 참석한 불자님들에게 열반의 의미에 대해 이야기하면서 그 뜻을 되새겨보게 되었다. 〈사분율장〉의 중일비니 부분과 〈반니원경〉, 〈유행경〉 등의 삼장 가운데는 부처님의 열반을 앞두고 진행된 여러 가지 상황이 자세히 묘사되어 있는데, 절대적으로 믿고 의지했던 부처님께서 열반에 드신다는 선언은 청천벽력과도 같은 충격이었던 것 같다.

특히 아난의 슬픔이 커서 계속 울고만 있자 지혜로운 장로가 조언하기를 '존자여! 그대는 부처님의 시자로서 이제 물어야 할 일을 마땅히 물어야합니다'라고 했고, 이 말에 정신을 차린 아난이 부처님께 다섯 가지 중요한 질문을 하게 된다.

첫 번째 질문은 '부처님께서 열반하신 후 스님들은 무엇에 의지하고 수행해야 하는가'이다. 이는 수행자가 어떤 수행방편으로 수행해야 하는가에 대한 질문으로 부처님께서는 여기에 대해 '사념처(四念處)에 의지하고 머물러야 한다'고 답변해 주셨다. 사념처란 호흡·몸의 움직임·신체 내부·지수화풍에 따른 몸의 현상·몸에서 일어나는 일체의 현상을 관찰하는 신념처, 희로애락과 세간 및 출세간의 모든 느낌과 안팎으로 일어나는 모든 느낌을 알아차리는 수념처, 탐욕과 성냄·어리석음과 마음에서 일어나는 여러 가지 현상을 알아차리는 심념처, 오온·십이처·칠각지·사성제 등의 법을 관찰하는 법념처의 신수심법(身受心法)을 말하는데 이러한 사념처에 의지해 머물면 성인의 과위를 얻을 수 있다고 하셨다.

두 번째 질문은 '누구를 스승으로 삼아야 하는가'이다. 이 질문에 대하여 부처님께서는 '계(戒)를 스승으로 삼으라'고 말씀하셨다. 당시에는 가섭존자를 비롯한 아라한과를 증득하고 스승이 될 만한 많은 제자가 있었으나 사람이 아닌 부처님께서 제정하신 계를 스승삼아 정진하라고 하신 말씀은 특별한 의미가 있다고 할 수 있다.

　세 번째 질문은 '삼장(三藏)을 결집할 때 처음 시작을 어떻게 해야 하는가'이다. 이에 대해 부처님께서는 '이와 같이 나는 들었다(如是我聞)'라고 시작하라고 하셨는데 아난존자가 이와 같이 부처님 말씀을 들었다는 견해를 밝힘으로써 그 후에 펼쳐지는 모든 말씀이 분명한 부처님의 말씀임을 증명하여 시비가 없게 한 것이다.

　네 번째 질문은 '고집이 세고 말을 듣지 않으며 대중과 화합하지 않는 스님을 어떻게 대해야 하는가'이다. 여기에 주인공으로 등장하는 천타비구는 부처님께서 출가하기 전부터 마부로 부처님을 시봉한 인연이 있다는 이유로 대중을 무시하고 여러 가지 물의를 일으켰다. 이 사안에 대해 부처님께서는 '묵빈대처(默賓對處)하라'고 하셨는데 아무런 상대도 하지 않게 되면 스스로 자숙하게 되기 때문이다.

　다섯 번째는 '부처님의 장례는 어떻게 치러야 하는가'라는 질문인데 여기에 대해서는 전륜성왕의 장례법에 준해서 장례를 치를 것을 당부하셨다. 전륜성왕의 장례법은 시신을 여러 겹의 관 안에 모시고 깨끗한 천을 채운 뒤 그곳에 향유를 붓고 관 뚜껑을 덮은 후 전단 등의 향기로운 나무를 태워서 화장하는 방법인데, 장례와 사리를 수습해서 공양하는 일은 재가불자에게 맡

기셨다. 그러한 전통이 이어져서 미얀마에서는 지금도 부처님 사리를 봉안하고 있는 사찰에는 정부 관리를 파견하여 참배객들이 사리에 공양하고 친견할 수 있도록 돕는 것을 볼 수 있다.

이러한 여러 가지 질문과 답변 가운데 이 시대에 가장 중요한 내용이 계율을 스승 삼아 정진하는 일이라고 생각된다. 지금 우리 스님들이 대중생활을 하는 모습들이 얼마나 율장을 근거로 이루어진 것인가를 생각하면 회의적인 생각이 들 때가 종종 있다. 율장에서 권장하는 모습이 아니라 율장과 인연 맺지 못한 선배 스님들이 권장했던 대중생활을 하고 있지는 않은지 생각해 봐야 한다.

계율에 대해 충분히 교육을 받지 못한 현 상황에서 계율을 스승삼아 정진하는 일은 불가능하다. 참으로 계율을 스승삼아 정진해서 출가의 큰 뜻을 원만히 성취하기 위해서는 계율을 스승 삼아 정진할 수 있는 역량이 절대적으로 필요하며, 그 역량은 계율교육을 통해 가능해진다고 확신한다.

계율!
왜 필요한가

대한불교조계종은 〈범망경〉과 〈사분율장〉을 소의율로 중요시하는 전통을 갖고 있다. 〈사분율〉에는 출가자를 위한 다양한 교육방법과 수계를 통해 구족된 계체(戒體)를 훼손하지 않고 지켜내는 방법, 청정승가의 틀을 유지하기 위한 여러 가지 방법들이 기술되어 있다. 이 가운데 가장 중요한 내용은 깨달음에 방해가 될 수 있는 요소들을 제거하고, 세상 사람에게 비난받지 않고 공경받는 모습을 유지하는 방법들이다. 이러한 율장을 어떠한 인연으로 어떠한 과정을 거쳐 어디에 목적을 두고 제정하게 되었는지를 살펴보면 그 성격을 분명히 함은 물론, 더욱 효과적으로 활용할 수 있을 것이다.

부처님께서는 계율제정의 목적을 '십구의(十句意)'로써 설명하셨다. '대중을 통솔하기 위하여, 대중의 화합을 위하여, 대중을 편안하게 하기 위하여, 다스리기 어려운 사람을 조복하여 수순하게 하기 위하여, 뉘우치는 사람의 안락을 위하여, 믿지 않는 사람이 믿게 하기 위하여, 믿는 사람의 믿음이 더욱 늘어나게 하기 위하여, 현세의 번뇌를 끊기 위하여, 후세의 욕심과 악을 끊기 위하여, 정법이 오래 머무르게 하기 위하여'이다. 이러한 내용들이 유지되고 잘 지켜져야 비로소 청정승가의 여법한 틀은 유지되고 존중과 후원 속에서 수행과 교화가 원만히 성취될 수 있을 것이다.

그러나 우리의 현실은 '십구의'가 원만하게 이루어지고 있다고 말하기 어렵다. 율장을 깊이 있게 연구하고 율장의 가르침대로 살고자하는 승가의 숫자가 현저히 적기 때문이다. 그 결과 계율에 대한 이해가 부족하고 계율이 수행과 교화에 적극적으로 활용되는 사례는 흔치 않게 되었다.

적어도 구족계를 받은 지 5년까지는 계율을 심도 있게 공부하고 그 토대 위에서 각종 갈마와 여법한 승가운영을 해야 하는데 계율에 대한 이해와 실천의지가 없이 생활하는 경우가 많다 보니 승가의 도덕성에 관한 우려와 비판이 적지 않은 실정이다.

특히 인터넷 등을 이용해서 전 세계가 동시에 정보를 공유하는 세상에서 도덕성과 위의는 중요한 의미를 갖는다. 그러므로 소중한 부처님의 가르침이 계속 유지되고 만중생의 복전으로 활용되며 깊은 감동으로 이어지게 하기 위해서는 부처님이 계율을 제정하시던 그 마음으로 접근할 필요가 있다.

계율은 누구를 구속하거나 어렵게 하기 위하여 제정된 것이 아니며 계율 어디에도 그런 내용은 없다. 오직 필요한 사람이 간절히 구하고 소중하게 활용할 수 있도록 하는 데 그 목적이 있는 것이다.

특히 율장을 볼 때마다 한량없는 큰 자비를 느끼게 된다. 간절히 원하는 사람에게 자세히 가르쳐주고 승단 내에 들어온 모든 수행자가 원만하게 수행하도록 도와주고 이끌어 주신 결과물이 바로 율장이다.

율장을 통해서 우리는 계율에 대한 이해를 원만히 할 수 있고 주지삼보(住持三寶)로서의 그 역할도 여법하게 잘 할 수 있다. 그런 까닭에 부처님께서는 최후의 가르침을 계율로써 스승을 삼으라고 말씀하셨다.

지계를 통해 계체가 유지되고 계체가 훼손되지 않아야 수계를 통해 주어진 교단 내의 여러 가지 권한과 위치가 유지될 수 있다. 계체가 깨어진 몸으로 청정승가의 일원이라 속이고 신심 있는 단월의 공양을 받는 일은 삼보정재를 훔쳐 먹는 일이 된다는 부처님의 말씀을 깊이 새겨볼 때가 바로 지금이 아닌가 생각된다.

계율은 누구를 구속하거나 어렵게 하기 위하여
제정된 것이 아니며 계율 어디에도 그런 내용은 없다.

오직 필요한 사람이 간절히 구하고 소중하게
활용할 수 있도록 하는 데 그 목적이 있는 것이다.

율장, 어떻게 이루어졌나?

현재 지구상에는 다양한 종류의 율장이 전해지고 있다. 사분율·오분율·십송율·마하승기율·남방율·티벳율 이외에도 상당수의 율장이 있다. 본래 부처님께서 제정하신 계율은 한 종류이지만 세월이 흐르면서 교단분열이 생기고, 종지종풍을 달리하는 여러 부파가 성립되면서 다양한 종류의 율장이 성립되었다고 볼 수 있다.

부처님께서 열반에 드신 그해 하안거가 끝나고 칠엽굴에서 가섭존자를 중심으로 제1차 결집이 이루어졌는데, 부처님의 다비를 진행하는 도중에 한 비구가 '이제 잔소리 하는 사람이 없으니 우리는 자유다'라고 한 말을 가섭존자가 듣고 하루빨리 율장을 결집해야 할 필요성을 절감하게 된 것이 계기가 되었다. 이때 율장은 우바리존자가 암송하고 경장과 논장은 아난존자가 암송한 뒤 그 내용에 대해서 오백 명의 아라한이 사실과 차이가 없음을 인정하는 방식으로 삼장의 결집이 이루어진다.

가섭존자와 오백 명의 아라한이 칠엽굴 안에서 결집한 굴내 결집과 안에 들어가지 못한 오백 명의 대중이 굴 밖에서 결집한 내용을 서로 논의하는 과정을 거쳐서 확정을 했는데 이 내용은 〈사분율장〉 건도부 가운데 '오백집법비니' 부분에서 확인할 수 있다.

그 후 수차에 걸친 결집이 이루어졌는데 몇 십 년 전에 미얀마에서 옛 칠엽굴과 같은 동굴을 만들고 세계 각국의 고승 오백 명을 모셔와 제8차 결집을 하고 그때 확정한 내용으로 삼장이 유통된 경우도 있다. 특히 수차에 걸친 결집의 대부분이 계율에 관한 이해와 해석의 차이에 따라서 이루어졌음은 의미하는 바가 크다고 볼 수 있다.

제정된 계율의 내용을 보면 당시의 사회적 특성과 풍습 등을 상세하게 파악할 수 있다. 특히 지역적인 종교가 세계적인 종교로 성장해 가는 과정과 승가의 모습을 부정적으로 보고 비난하는 일체의 견해를 가벼이 하지 않은 점은 부처님의 가르침이 오늘에 이르도록 하는 데 결정적인 역할을 했다고 볼 수 있다.

승가를 향한 비난이 있으면 비난받을 행위를 금지하는 내용의 계목을 제정하시고, 수행에 크게 장애가 있을 경우에 다시 열어 주는 방법을 통해서 이해를 구하고 지속적으로 승단을 후원하는 후원자로 남게 하신 일들은 오늘날 우리에게도 시사하는 바가 크다고 볼 수 있다. 이처럼 율장을 읽다보면 계율이 수행자 개개인을 통제하거나 불편하게 하기 위해서 제정된 것이 아니라는 사실을 절절히 느끼게 된다.

한국 불교의 경우 중국 불교의 영향으로 특히 사분율장을 중요시했다. 중국의 경우 당(唐)시대에 남산종·상부종·동탑종 등의 종파가 사분율장을 중심으로 종파를 이루었는데, 대승유식법상을 바탕으로 사분율장을 재해석한 종파가 남산종이며 그 주석서를 남산삼대부라 한다.

한국 불교도 도선율사의 남산율종을 존중해서 통도사를 해동남산율종의 종가라 하기도 한다.

통도사 율원에서 소임을 보게 된 인연으로 제부율장 가운데 사분율을 중심에 두고 대승유식법상으로 주석한 도선율사의

〈남산삼대부〉를 연찬하고 있는데, 이 저술은 분통대승(分通大乘: 사분율을 대승법상과 통하게 했다)의 입장에서 이루어진 것이다. 사분율을 대승법상으로 재해석하여 주장했던 내용이 겸대승(兼大乘)인데 사분율장 안에 본래 대승사상을 겸하고 있기 때문에 새로 만들어 낸 것이 아니라는 의미이다. 이러한 노력은 대승불교권인 중국에서 유부의 율장인 사분율을 거부감 없이 활용하도록 했고, 계율에 관한 활용도를 높인 공적도 있다.

그러나 이 저술은 송나라 원조스님 이후에 활용되지 못하다가 중국의 민국 때 홍일율사가 〈사분율행사초자지기부상집석〉이라는 저술을 남긴 인연으로 대만불교에서 적극적으로 연구하기 시작하여 지금은 〈남산삼대부〉를 바탕으로 승가시스템을 여법하게 운영하는 것을 볼 수 있다.

한국 불교도 이러한 시스템이 온전히 가동되는 계율도량이 꼭 만들어져서 율장에 대한 오해와 편견을 없애고 계율이 수행을 돕는 소중한 스승임을 전 종도들이 느끼고 활용하게 되었으면 한다.

계율을 바르게 알고 잘 활용하는 일이 얼마나 소중하고 복된 일인지를 체험할 수 있는 곳이면 더욱 좋겠다는 생각이다.

승단과 교단은
어떻게 다른가?

얼마 전 '이 시대의 바람직한 승가공동체'를 주제로 사부대중 100인 공사가 있었다.

브리핑이 끝나고 오후에 주제별 토론이 있었는데 이 때 '현대사회가 요청하는 승가공동체'를 토론하는 자리에서 승가의 범위를 어떻게 적용해야 하는가에 대한 논란이 있었다.

한 비구니 스님이 승가의 범위 안에 재가자도 포함되는 것이 맞다는 주장을 펼쳤고, 함께 토론했던 비구 스님은 승가에 재가자가 포함되는 것이 맞지 않다는 주장을 하는 것을 보면서 너무도 기본적인 내용에 대해 의견이 분분한 것이 우리 승가의 계율에 대한 이해 정도를 가늠할 현주소가 아닌가 하는 생각이 들었다.

부처님의 가르침을 믿고 이해하며 실천하는 불자들의 모임을 승단과 교단으로 나눌 수 있다. 승단은 오부중으로 구성되어 있는데, 사미·사미니·식차마나니·비구·비구니로 구성되어 있고 이를 승가라고도 한다. 교단은 비구·비구니를 비롯한 오부중에 우바새·우바이를 포함해서 칠부중이 포함되어 있으며 이를 줄여 사부대중이라 한다.

승가는 사미·사미니계를 수계한 예비승과 사미니계를 수계하고 구족계를 받기 2년 전에 식차마나니계를 받은 식차마나니와 구족계를 수지한 비구·비구니로 구성되어 있다. 각자가 받은 품계에 따라서 권한과 의무가 있으며 범계유무에 따라서 승가공동체에서 쫓겨나기도 하고 그 권한이 정지되기도 한다. 범계행위에 맞추어 참회 등의 방법으로 청정성을 잃지 않아야 승가의 구성원이 될 수 있다.

여법한 수계와 출죄, 승가운영시스템 등을 구체적으로 명시한 것이 율(律)이며, 이를 통해서 승가운영의 구체적인 방법들을 기술하고 있는데 율장의 건도부에 상세한 내용들이 설명되어 있다. 재가불자에게는 이러한 율에 의한 통제시스템이 없다. 재가불자에게 교단에서 제재를 가할 수 있는 방법은 복발갈마(覆鉢羯磨)가 유일하다.

복발갈마는 두 가지 경우에 하게 되는데 신심 있는 불자가 승단에 보시를 많이 해서 정상적인 생계유지가 어려운 상태가 되었을 때 경제적 여건이 호전될 때까지 탁발을 가지 말라고 갈마를 하는 방법이고, 또 한 가지 복발갈마는 삼보를 비방하고 스님들에게 욕을 하는 등의 일이 발생했을 경우 승단에서 갈마를 하게 되면 사회적으로 '얼마나 부도덕하면 청정승가에서 하는 복발갈마를 받는가?' 라는 시각으로 당사자들을 사회로부터 매장시키는 결과를 가져오기 때문에 바로 승단에 참회하고 출죄갈마를 받는 경우가 있다.

승보의 한계도 우리 사회에서는 의견이 분분하다. 구족계를 수계하고 범계사항이 없이 청정성을 유지해야 하며 대계를 결계하고 그 대계 안에서 현전승가를 구성해서 보름마다 포살을 해야 하며, 현전승가 안에서 중요사안이 발생했을 때 전원화합으로 갈마를 하는 기본적인 틀을 갖고 있는 승가를 청정화합승가라 한다. 청정화합승가의 조건을 갖추지 못하면 이를 별중이라 하고 승보로서의 자격에도 문제가 있게 된다.

승가와 재가의 구분은 분명해야 하며 그 역할과 의무도 분명해야 한다. 율장에서 밝힌 바대로 그 직분을 다하며 정진하는 모임이어야 한다. 따라서 승가는 승단에 소속되어 있는 출가자의 수행공동체이다.

승가와 수행승

승가(僧伽·Sangha)는 출가수행자 중 비구·비구니계를 수지하고 지계에 문제가 없는 4인 이상의 대중이 모여서 살아가는 수행공동체이다. 그러므로 구족계를 받고 청정하게 계행을 실천하는 수행자라 하더라도 3인까지는 승가라고 부를 수 없다.

그 중에 대계를 결계하고 보름마다 포살을 하며, 의지사를 의지해서 서로 교계하며 정진하는 화합승가를 청정승가라 한다. 청정승가의 구성요건으로 가장 중요한 것이 구족계를 수지한 스님이다.

스님이 되려면 의지해서 출가할 수 있는 출가화상(은사 스님)

이 계서야 한다. 구족계를 수지한 지 10년이 지난 청정한 비구를 화상이라 하며, 출가화상은 이러한 자격조건을 갖추어야 한다.

다음으로는 출가수행자로서의 자질이 갖추어졌는지를 판정하는 갈마(羯磨)를 하게 되는데, 이러한 갈마의 중요한 조건을 13중난(重難)과 16경차(輕遮)라 한다. 13중난과 16경차에 문제가 없는 출가희망자에게 전계·갈마·교수의 삼사와 수계를 증명하는 7인의 화상이 증명해서 여법하게 수계의식을 해야만 구족계수계가 성립이 된다. 그러나 스님들이 많지 않은 곳에서는 5인 이상의 화상이 수계를 해도 수계가 성립된다.

비구니 스님의 경우에는 수계의식의 절차가 좀 더 복잡한데, 이를 이부승 수계제도라 한다. 비구니승단에서 10사를 갖추어서 하는 수계계단을 별소계단이라 하고 별소계단에서 수계가 이루어지면 다시 비구승단에서 10명의 화상이 수계를 해야 하는데 이를 본소계단이라 한다. 이와 같이 스님이 되려면 은사 스님을 비롯하여 계를 주는 계사 스님, 수계를 하기까지 여러 가지 교육을 담당하는 아사리와 갈마·교수 스님, 증명하는 스님들이 갖추어져서 법대로 수계를 받아야 비로소 수계가 성립되고 스님으로서의 자격이 갖추어지게 된다.

율장을 근거로 받을 수 있는 수계는 비구계, 비구니계, 식차마나니계, 사미·사미니계와 보살계 등이 있는데 이는 출가오부중이 받는 계이며, 재가신도가 받을 수 있는 계는 삼귀오계, 팔관재계, 보살계, 십선계 등이 있는데 사분율장을 비롯한 제부율장과 우바새계경을 비롯한 계경을 통해 그 자격과 방법들을 확인할 수 있다.

부처님 당시 구족계를 수계하는 방법에는 일곱 가지가 있다. 첫째는 '선래비구여!'라고 하면 수계가 이루어지는 방법이고, 둘째는 비구들이 비구계를 줄 수 있도록 허용하고 시행했던 방법이다. 셋째는 특수한 경우로 단 한 번 가섭존자에게 수계한 방법이다. 넷째는 일곱 살의 동자가 비구가 된 경우이고 다섯째는 백사갈마를 통해 수계하는 방법인데 현재 조계종단에서 수계하는 방법의 원형이다. 여섯째는 비구니계를 받지 않고 팔경법을 실천할 것을 다짐하고 수계한 경우이고, 일곱째는 비구니 승가와 비구 승가에서 백사갈마를 통해 수계하는 이부승 수계제도이다.

비구는 승보로서 중생의 복전이 되고 세간을 맑게 하는 청정수와 같다. 그러므로 도를 구하는 선비라는 의미로 걸사(乞士)라 하고, 모든 마군들이 두려워하는 대상이기에 포마(怖魔)라고도 한다.

비구가 되고 청정승가를 유지하는 일은 중요한 일이어서 '무량한 아라한보다 5인 이상의 화합승가가 더욱 수승하다'라고 부처님께서는 말씀하셨다. 비구·비구니 승가가 유지되지 않으면 승단과 불교도 유지될 수 없기 때문에 참으로 소중하고 귀한 것이 출가수행승이다.

구족계를 수계하고 범계사항이 없이 청정성을 유지해야 하며
대계를 결계하고 그 대계 안에서 현전승가를 구성해서
보름마다 포살을 해야 하며,
현전승가 안에서 중요사안이 발생했을 때
전원화합으로 갈마를 하는 기본적인 틀을 갖고 있는 승가를
청정화합승가라 한다.

율장정신의 구현과
승가교육

현재 한국불교의 대표종단인 조계종의 경우 기초교육과정·기본교육과정·전문교육과정으로 총 10년 정도의 교육과정을 시스템화하여 운영하고 있다.

기초과정은 행자과정으로 6개월 이상 1년 미만으로 운영되고 있고 기본과정은 지방승가대학, 중앙승가대학, 동국대, 기본선원 등의 4년 과정으로 운영되고 있는데, 이 과정을 거치면 구족계를 수계할 수 있는 자격이 주어진다. 구족계 수계 이후에는 각자의 원력이나 관심분야에 전문과정 2년·연구과정 3년으로 5년 과정이 개설되어 운영되고 있다. 이러한 교육 및 수행시스템도 오랜 기간 시행착오를 거쳐서 정착된 교육과정이라 할 수 있다.

율장을 통해 확인할 수 있는 교육시스템을 보면 7세부터 사미계를 받을 수 있고 20세가 되어야 구족계를 받을 수 있다. 구족계를 수지한 이후 5년까지는 계율을 정미롭게 공부해야 한다. 이 과정을 통해서 각자가 지켜야 할 계목과 각종 갈마에 대한 세부적인 교육을 받게 되는데 이 과정을 거친 스님을 아사리라고 한다. 이 과정은 화상을 의지해서 공부해야 하며 만약 화상에게 일이 생겨서 며칠간이라도 자리를 비우게 되면 의지사를 모시고 수행해야 한다.

비구가 된지 5년이 지났고 계율을 잘 익혀서 5법(五法)에 저촉되지 않아야만 의지사 없이 수행하고 유행하는 것이 허용되었는데 〈십송율〉을 참고로 5법을 살펴보면 '범하는 것인지 모르는 것, 범하지 않는 것인지 모르는 것, 가벼운 것인지 모르는 것, 무거운 것인지 모르는 것, 계율을 널리 외우지 않고 이해도 못하는 것' 등이다.

비구가 5년이 지났어도 계율을 밝게 익히지 못했다면 의지사를 의지해서 수행해야 하고, 속세 나이 80세에 법랍이 60세가 되었다 해도 의지사를 의지해야 한다. 이때 의지사는 승랍이 많은 스님으로 해야 하는데 혹 승랍 많은 스님이 없으면 10하 이상의 비구를 의지사로 삼아야 한다. 이때 승랍 60세의 비구가 젊은 비구를 의지사로 모실 때에는 예배하는 것만 제외하고 그 밖의 모든 것은 제자가 스승에게 하듯이 하여야 한다. 승랍 60세가 넘도록 계율을 밝게 익히지 못하면 노소비구(老小比丘)라고 부르는데 이러한 경우 100세가 되어도 마찬가지이며 목숨이 다할 때까지 의지사를 의지해야 한다.

부처님께서 구족계를 받고 최소 5년간 계율을 공부해야 한다고 권장하셨는데 이러한 기초 위에서 여법한 승가운영이 가능해지고 후학을 지도하고 스스로 수행할 수 있는 역량도 길러지게 된다. 한국불교의 경우 선교육 - 후득도 제도를 시행하고 있으나 충분히 계율을 공부하지 못하는 아쉬움이 있다.

기본과정에서 개론적인 계율교육만을 받고 구족계수지 이후에 율원에서 율장을 공부한 경우를 제외하고는 계율을 공부하지 못하는 경우가 대부분이다. 율장대로라면 어쩌면 평생 의지사를 의지해서 수행해야 할 처지의 스님들이 대부분일지도 모른다.

청정승가를 구성하는 가장 중요한 조건은 계율에 밝고 여법하게 수지해서 비구의 체성을 잃지 않은 4인 이상의 비구 스님이다. 부처님께서는 '구족계를 받은 지 3년이 된 스님이 경·율·론을 통달하고 삼명을 얻고 탐·진·치를 모두 소멸했다 해도 의지사를 두어야 한다'라고 하셨는데 이는 계율에 대한 이해와 실천이 얼마나 중요한가를 증명한 말씀이라 볼 수 있다.

승가교육제도와
사미 沙彌

대한불교조계종에서는 매년 동안거와 하안거를 해제한 며칠 뒤부터 사미·사미니계 수계교육을 실시하고 있다. 전국에서 출가한 행자들이 6개월간 받았던 기초교육 과정을 16일 동안의 사미·사미니계 수계교육을 통해 마무리하게 된다. 이 교육을 마치고 5급 승가고시에 합격한 행자에게 사미·사미니계를 수계할 수 있도록 종법으로 규정하여 시행하고 있는데 오랜 기간을 거치면서 다양한 시도 끝에 정착된 제도라 할 수 있다.

사미·사미니는 구족계를 수지하기 전에 구족계수계의 자격을 갖추어 나가는 예비승 과정이다. 사미의 기원은 부처님의 아들인 라후라를 출가시킨 일이 최초가 되는데, 구족계를 수지할 수 있는 20세가 되기 전이나 20세가 되었다 해도 구족계를 받을 준비가 부족한 출가자가 그 자격을 갖추어 가는 과정이다.

〈마하승기율〉을 참고로 보면 7세에서 13세에 해당하는 사미를 구오사미(驅烏沙彌)라 하는데, 말리는 곡식을 먹는 새를 쫓을 수 있을 만한 나이의 사미이다. 14세에서 19세까지의 사미는 응법사미(應法沙彌)라 하는데 능히 불법을 공부할 수 있는 연령의 사미이다. 또한 20세가 넘어서 출가한 사미는 명자사미(名字沙彌)라 하는데 사미가 될 연령은 초과했으나 아직 구족계를 받지 않았으므로 이름만 사미라는 의미이다.

사미에게는 10가지 지켜야 할 계목을 가르쳐주고 잘 지킬 것을 다짐하게 하는데 이를 사미십계라 한다. 또 사미가 되면 익혀야 할 24가지의 위의와 그밖에 세세하게는 삼천위의와 팔만세행을 익혀야 한다고 〈사미율의〉 등에서 권장하고 있는데 이러한 과정을 여법하게 수료하고 그 자격이 인정되어 사미계를 받은 사람을 법동사미(法同沙彌)라 한다. 이는 법답게 사미가 되었다는 뜻이며, 삭발하고 사미의 모습은 하고 있으나 여법하게 사미계를 받지 않은 사람을 형동사미(形同沙彌)라 한다.

모든 율장에서는 20세가 넘어서 출가했을 때 구족계를 받을 수 있는 준비만 갖추어지면 구족계를 수계해서 비구·비구니가 될 수 있다. 그러나 대한불교조계종에서는 연령에 관계없이 의무적으로 4년을 사미·사미니의 신분으로 기본교육과정을 이수해야만 4급 승가고시를 응시할 수 있는 자격이 생기고 그 자격을 얻어야만 구족계를 수지할 수 있도록 제도화되어 있다.

율장에서와는 다르게 이러한 제도가 정착되게 된 사정은 승가교육에 대한 이해 부족과 수계나 지계에 대한 중요성에 대한 인식이 희박한 상황에서 불가피하게 선택되어 시행된 제도이다. 이 제도를 선(先)교육 후(後)득도 제도라 하는데 그 결과 현재와 같은 기초·기본·전문과정의 10년 과정으로 된 교육의 틀이 마련되어 있으며 이 제도의 긍정적인 면도 적지 않으나 이와 반대로 부작용 또한 적지 않다.

구족계와 대승보살계를 수계하는 대승불교권에서는 전통적으로 삼단대계 수계전통을 갖고 있다. 비구승단의 경우 사미계·구족계·보살계를 수계하는 과정을 3개월 정도의 기간에 마치는 제도인데, 사미계를 수지할 자격이 인정되면 사미계를 수계하고 다시 구족계를 수계할 수 있는 자격을 갖추게 하고 구족계를 수계하고 최종적으로 보살계를 수계하는 제도이다. 이러한 제도를 시행하고 있는 불교권에 비해서 조계종 승가는 몇 가지 곤란한 여건이 발생하게 된다.

첫째는 삼단대계를 시행하는 승단에 비해서 구족계수계가 늦어지면서 4년의 승랍을 인정받을 수 없다. 좌차 등의 여러 가지 제도가 승랍을 기준으로 해서 운영되기 때문에 국제적인 무대에서 수행과 교류를 하는 입장에서는 아쉬움을 느끼게 되는 부분이다. 둘째는 계율공부를 효율적으로 할 수 없는 점이다.

 모든 율장은 비구·비구니 이외에는 볼 수 없는 금서로 규정하고 있는데 이러한 이유 때문에 대부분의 종도들이 율장을 공부할 수 있는 인연을 갖지 못하고 있다. 구족계를 수계하고 최소 5년은 계율을 정미롭게 공부해야만 각종 범계나 대중생활에서 발생하는 제반문제에 대해서 여법하게 갈마할 수 있는 능력을 갖추게 되는데 이러한 여건이 마련되지 못한 관계로 계율에 대한 이해가 부족하고 이로 인해서 적지 않은 문제가 발생되고 있다.

 특히 조계종도 가운데 소의율장인 〈사분율장〉이라도 꼼꼼하게 살펴본 숫자가 몇이나 되는가를 따져보면 그 심각성은 더욱 커진다.

 이제 계단·고시·법계 등의 제도가 정착되어서 선교육 후득도 제도를 시행하지 않아도 과거와 같은 교육 부재에 대한 우려는 크지 않다고 생각된다. 다소 우려되는 부분은 법계로써 보완해 운영하면 큰 문제는 없을 것이다.

 이제 부처님께서 권장하셨던 여법한 모습을 갖춘 승단으로서의 변화를 적극적으로 모색해도 될 시점이 아닌가 생각해 본다.

비구가 5년이 지났어도 계율을 밝게 익히지 못했다면 의지사를 의지해서 수행해야 하고, 속세 나이 80세에 법랍이 60세가 되었다 해도 의지사를 의지해야 한다.

바라제목차와
참회

매년 동안거를 마치고 나면 율학승가대학원의 신입생 전형을 하게 된다. 구족계 산림을 봉행하면서도 면접갈마를 하게 되는데 이때 질문하는 내용이 기본교육을 마친 사미에게는 사미십계를, 구족계를 수지한 비구 스님에게는 사바라이나 십삼승잔에 대해서 질문하게 된다. 그 이유는 가장 기본적인 중요한 내용이기 때문이다.

그러나 정확하게 기억하고 그 내용에 대하여 설명하는 스님들은 많지 않다. 그렇다면 정확하게 기억도 못하는 내용을 잘 지킬 수 있을까? 잘 지키지 못하고 범계에 대해 참회하지 못한 사람이 스스로 지니게 된 계율에 대해서 얼마나 신뢰하고 수행에 도움을 주는 소중한 가르침으로 활용할 수 있을까 하는 의구심을 갖게 된다.

　사미의 신분은 사미계를 여법한 절차를 거쳐서 수지했을 경우에 사미계의 계체(戒體)가 이루어지고 이 계체가 훼손되지 않을 경우에 유지되게 된다. 비구의 경우도 삼사칠증의 수계화상을 모시고 13중난과 16경차가 문제되지 않는 수계희망자를 백사갈마로 여법하게 수계했을 경우에 비구계의 계체가 이루어지고 이 계체가 훼손되지 않은 경우 비구의 신분을 유지하게 된다.

　사분율장을 근거로 볼 때 구족계의 경우 수지하게 되는 계목이 비구의 경우 250가지이고 비구니의 경우 348가지가 된다. 이러한 비구·비구니의 계목에 대한 내용이 율장의 전반부인 바라제목차에서 설명되고 있는데 계목(戒目)·계상(戒相)·계연(戒緣)·계체(戒體) 등으로 나눈다.

　비구의 경우 4바라이·13승잔·2부정·30니살기바일제·90바일제·4바라제제사니·100중학·7멸쟁법으로 그 내용을 나눌 수 있다. 비구니의 경우도 계목 수와 남녀의 신체조건에 의한 내용의 차이는 조금 있으나 비슷한 형식으로 이루어져 있다.

　이를 세간의 법체계와 비교해 보면 바라이는 사형에 해당된다. 바라이죄를 범하게 되면 비구·비구니의 생명이 끝나기 때문에 머리가 잘린 경우와 같다는 의미로 단두(斷頭)라 하고 청정승가와 함께 살 수가 없기 때문에 불공주(不共住)라고 한다. 그러나 부처님께서는 크게 자비로우서서 바라이를 범한 사람까지도 수행은 계속할 수 있도록 배려하고 있음을 〈오분율장〉을 통해서 확인할 수 있는데 이 제도가 바로 '진형학회갈마'이다.

바라이를 범한 비구가 그 사실을 바로 대중에게 알렸을 경우 비구의 권한이 모두 정지된 상태로 비구의 맨 끝자리, 사미의 앞자리에서 수행을 계속할 수 있게 했는데, 그 후 열심히 수행해서 아라한과를 얻게 되면 비구의 신분이 회복되는 제도이다.

또 구족계를 받은 사람이 바라이죄를 범하게 되면 바라이죄를 범한 이 몸으로는 다시 구족계를 받을 수 없다. 이러한 경우를 만들지 않기 위해서 만들어진 제도가 환계(還戒)제도이다. 이 제도에 대해서는 불음계 부분에서 상세하게 설명하고 있는데 음계를 범하기 전에 대중 스님에게 '나는 계를 바치겠다'고 하거나 '계속해서 수행할 마음이 없다'고 말하는 것으로 환계가 이루어진다. 이런 절차를 거치고 파계한 사람은 바라이를 범한 것이 아니기 때문에 다시 구족계를 받을 수 있으나 환계하지 않고 바라이를 범하게 되면 구족계 수계가 성립되지 않으므로 남방에서는 이 제도가 잘 활용되고 있으나 북방불교에서는 보편화되지 않았다고 볼 수 있다. 이러한 원칙을 무시하고 바라이를 범한 사람이 비구의 모습으로 청정승가와 함께하며 시주물을 사용하게 되면 승가의 상주물을 도적질해 먹는 중죄를 범하게 된다.

바라이 다음으로 중죄에 해당되는 부분이 승가바시사이다. 한문으로는 승잔(僧殘)이라 하며 스님으로서의 목숨만 남아 있다는 의미이다. 스님으로서 갖게 되는 36가지 권한이 모두 정지된 상태에서 참회하고 출죄갈마를 해야 복권이 되며 세간법의 무기징역에 해당된다고 볼 수 있다.

비구의 경우 승잔죄를 범하고 그 사실을 대중에 알리면 6야(六夜)에 걸쳐서 마나타를 행하고 20인 이상의 청정승가가 출죄갈마를 해야 복권이 된다. 그러나 승잔죄를 범하고 바로 대중에 알리지 않으면 감추고 지낸 기간만큼 파리파사라는 참회를 해야 하는데 이를 별주(別住)라고 한다. 마나타나 파리파사를 행하는 기간에 다시 승잔을 범하게 되면 처음부터 다시 참회를 해야 하는데 이를 본일치라 한다. 이러한 모든 조건을 갖추었어도 출죄갈마를 할 수 있는 20명의 청정비구가 없으면 출죄는 이루어지지 않는다.

중죄에 해당하는 바라이와 승잔은 계체가 훼손되는 부분에 초점이 맞추어져 있고 사타와 타, 백중학 등은 개개인의 위의와 세간의 비난에 초점이 맞추어져 있다고 볼 수 있다.

대한불교조계종 승가의 경우 승잔죄를 범한 스님을 참회시키고 출죄갈마를 행하는 시스템이 실행되는 곳을 찾아보기 어렵다. 환계를 하고 다시 출가하는 경우도 그 예를 찾아보기 어렵다. 수계 이후에 발생할 수 있는 범계를 참회하고 청정성을 회복할 수 있는 시스템이 제대로 실행되지 않고 있다고 볼 수 있다.

삼장을 통해서 계로 인해 정(定)이 생기고 정으로 인해 혜(慧)가 생긴다는 삼무루학이 피부에 와 닿는 가르침이 되기 위해서는 수계가 통과의례가 되어서는 안 된다. 그러기 위해서는 부처님께서 권하신 5년 이상의 계율공부와 이를 토대로 실행되는 각종 갈마가 여법하게 이루어질 수 있는 여건 마련이 절실히 필요하다고 할 수 있다.

건도부 犍度部 와
교단 운영체계

〈사분율장〉의 후반부인 31권부터 53권까지의 내용을 건도부라고 한다. 사분율장의 전반부인 바라제목차(경분별)에는 승가 구성원이 승단생활을 하면서 범해서는 안 되는 개인적인 행동규범을 담고 있으며 후반부인 건도부에서는 승단유지를 위해 필요한 다양한 내용들이 수록되어 있다.

건도(khundhaka)는 집합이라는 의미의 단어인데, 한 주제에 해당되는 내용을 집중적으로 모아 놓았으며 승가 내에서 이루어지는 중요한 행사인 수계·설계·안거·자자 등의 중요한 행사와 옷·신발·방사·음식·약 등의 의식주에 관한 내용 및 각종 분쟁이 발생했을 때 분쟁을 해결하는 방법에 대한 내용, 비구니에 관한 내용 등이 수록되어 있다. 바라제목차가 개인적으로 지켜야 할 실천덕목과 범계시 참회 및 청정성을 회복하는 일에 초점이 맞추어져 있다면 건도부는 교단 및 승가운영의 세칙들이 설명되어 있으며 바라제목차와 연계해서 보아야 부처님께서 제정하신 계율의 원칙을 좀 더 확실히 알 수 있다.

건도부는 총 20개의 주제어를 중심으로 이루어져 있다. 수계건도는 〈사분율장〉 31권에서 35권 중반까지인데 석가모니부처님이 과거세에 연등부처님께 수기를 받은 내용 등이 수록되어 있고 각종 수계법 및 수계화상의 자격, 수계자(受戒者)로서 갖추어야 할 자격요건 및 여법한 수계를 위한 제반사항이 설명되어 있다.

35권 후반부터 36권 전체에는 안거시에 보름마다 행하는 포살에 관한 내용이 수록되어 있는데 이를 설계건도라 한다. 37권 전반부에는 안거에 관한 내용이 수록되어 있고 37권 후반부터 38권 전반부에는 안거를 마치고 행하는 중요한 행사인 자자(自恣)의 의미와 방법에 대한 자세한 내용이 수록되어 있다.

38권 후반에서 39권 전반까지 수록된 내용은 가죽으로 만드는 신발 등의 생활용품에 관한 것으로, 여기에는 청규제정의 중요한 근거 중에 하나인 수방비니(隨方毘尼)에 대한 내용이 언급되어 있다. 따뜻하고 평탄한 지역인 인도에서 발생한 종교가 춥고 거친 환경의 다양한 나라에 전파되면서 발생하게 되는 각종 문제에 대해서 어떻게 적응해야 하는지에 대해 참고가 되는 부분이라 할 수 있다.

39권 후반부터 41권까지는 옷에 관한 내용인데 분소의와 가사 제정에 대한 내용과 옷을 구하고 만들어 사용하는 다양한 사례들이 설명되어 있다. 42권과 43권 초반까지는 약에 대한 내용으로 약의 종류 및 관리기준에 대해 설명하고 있고, 43권 중간에는 가치나 옷에 관한 내용이 있으며 43권 후반에는 구섬미건도, 44권 초반에는 첨파건도가 수록되어 있는데 여기에는 승가에서 발생하는 분쟁에 관한 내용이 설명되어 있다.

44권 전반에서 45권 전반까지는 가책(呵責)하는 방법에 대한 내용이, 45권 후반에는 죄를 숨긴 사람을 다스리는 인건도(人犍度)에 관한 내용이 수록되어 있다. 46권에는 죄를 숨긴 비구를 다스리는 법[覆藏犍度]과 나쁜 소견을 가진 비구의 설계를 막는 법[遮犍度法], 화합을 깨트린 비구에 관한 법[破僧犍度法]이 수록되어 있고, 47권에서 48권 초반까지는 다툼을 없애는 법[滅諍犍度法]이 설명되어 있다.

48권 후반에서 49권 전반에는 비구니에 관한 내용이, 49권 후반부에는 비구들의 위의에 관한 법[法犍度法]이 수록되어 있으며,

고기를 먹는 문제에 있어서 바라제목차 부분에서는 직접 죽였거나 누군가를 시켜서 죽였거나 의심이 드는 고기가 아니면 허용되는 것으로 설명되어 있으나, 건도부에서 잡식(좋은 음식)을 병들지 않은 비구가 요구하는 일은 금하고 있고, 사람고기·개고기·말고기·코끼리고기·용고기 등의 5가지 고기를 금하는 내용들을 보면 탁발로써 먹는 문제를 해결해야 하는 상황이므로 단호하게 금하지는 않았으나 이를 식육을 권장하신 것으로 보기에는 어려움이 많다.

50권과 51권 전반부는 집과 방사에 관한 내용이고, 51권 후반부터 53권 끝까지에는 그 밖에 여러 가지 내용을 수록한 잡건도법[雜犍度法]이 설명되어 있다.

건도부에 수록된 내용을 보면 바라제목차에서 상세하게 설명되지 못했던 부분을 자세히 설명해 주는 예가 적지 않다.

예를 들면 고기를 먹는 문제에 있어서 바라제목차 부분에서는 직접 죽였거나 누군가를 시켜서 죽였거나 의심이 드는 고기가 아니면 허용되는 것으로 설명되어 있으나, 건도부에서 잡식(좋은 음식)을 병들지 않은 비구가 요구하는 일은 금하고 있고, 사람고기·개고기·말고기·코끼리고기·용고기 등의 5가지 고기를 금하는 내용들을 보면 탁발로써 먹는 문제를 해결해야 하는 상황이므로 단호하게 금하지는 않았으나 이를 식육을 권장하신 것으로 보기에는 어려움이 많다.

건도부에서 설명하고 있는 다양한 사례들을 체계적으로 공부하고 그 기초 위에 사안이 발생할 때마다 여법하게 갈마를 시행하여 계를 받을 때에 만들어진 청정한 계체를 훼손하지 않도록 교단 운영의 틀을 갖추어 나가야 할 것이다. 그러나 우리 교단의 현실은 그렇지 못하다는 생각이 든다.

건도부에서 권장하고 있는 교단운영의 틀이 조계종 승가에서도 여법하게 운용되기를 간절히 발원해 본다.

삼장의
결집과 운용

〈사분율장〉을 기준으로 볼 때 제1권에서 30권까지는 비구·비구니의 계목에 관한 내용인 바라제목차가 설명되어 있고 제31권에서 53권까지는 교단운영의 세부규정인 20개 조항의 건도가 설명되어 있으며 54권부터 60권까지의 내용을 부수(付隨·parivāra)라고 하는데 1차 결집과 2차 결집에 관한 내용 및 후대에 오면서 더 늘어나게 된 내용들을 설명하고 있다.

  1차 결집에 관한 내용은 오백결집법(五百結集法)에 수록되어 있는데 부처님께서 열반하실 것을 미리 알려 주시는 일로부터 시작해서 장례절차를 묻는 일, 부처님께서 유언하신 내용대로 장례를 치르는 과정에서 발생하는 일과 장례 후 삼장을 빨리 결집해야만 한다는 생각을 갖게 된 사정, 칠엽굴에서 1차 결집을 하게 된 이야기 등의 흥미진진한 사례들이 기록되어 있다.

부처님께서 머지않아 열반에 드실 것을 예언하시자 아난존자는 슬피 울고만 있었다. 지혜로운 장로가 '그대는 이제 슬퍼하지만 말고 시자로서 마땅히 물어야 할 일들을 물어야 한다'는 조언에 정신을 차린 아난존자가 여러 가지 안건을 묻게 되는데 이는 다음과 같다.

첫째는 '부처님께서 열반하시고 나면 어떻게 수행해야 하는가?'라는 질문에 부처님께서는 신수심법(身受心法)의 사념처 수행을 권하셨고, 둘째로 '누구를 의지해서 수행해야 하는가'라는 질문에 대해서는 계율로써 스승을 삼으라[以戒爲師]고 권하셨으며, 셋째로 '삼장을 결집할 때 어떻게 해야 하는가'라는 질문에는 '이와 같이 내가 들었다[如是我聞]'로 시작하라 하셨고, 넷째 '장례는 어떻게 치러야 하는가'라는 질문에는 전륜성왕의 장례법에 따르라고 하셨다.

이러한 유언에 맞추어 장례를 치르는 중에 가섭존자가 멀리 교화를 하러 떠났다가 부처님의 열반 소식을 늦게 듣게 되었다. 가섭존자가 도착하기까지 관에 불이 붙지 않아 화장을 하지 못했는데 뒤늦게 도착한 가섭존자가 관에 예경하자 관 밖으로 부처님의 발을 보이시는 일이 발생했고 이 일을 선(禪)에서는 삼처전심의 하나인 '사라쌍수곽시쌍부'라는 이름으로 후대에 전하게 되었다. 이것이 바로 율장의 오백결집법에 상세히 기록된 내용이다. 그 후 시신에 저절로 불이 붙어서 화장을 마치게 되었는데, 수많은 사리가 나왔고 이를 여덟 나라에 나누어 사리탑을 만들어 모시게 되었다.

그런데 장례를 모시고 나자 한 스님이 '이제 우리는 자유다. 이러한 일은 하지 말라고 잔소리하던 부처님이 가셨으니 우리는 자유롭게 살아도 된다'라고 말하는 것을 듣고 가섭존자가 하루빨리 경·율·론 삼장을 결집해야겠다는 마음을 내게 됨으로써 부처님께서 열반하신 그해 하안거가 끝난 후 칠엽굴에서 5백 명의 아라한이 모여서 결집하게 된 것이다. 이때 칠엽굴 안에서 이루어진 결집을 굴내결집이라 하고 굴 밖에서 이루어진 결집을 굴외결집이라 한다.

각각 결집한 굴내와 굴외가 함께 모여 의견조율을 거쳐서 반포하게 된 것이 바로 제1차 결집인 5백결집이다. 이때 계율은 우바리존자가 암송하고 오백아라한이 인정하는 형식으로 진행되었으며, 경장과 논장은 아난존자가 암송한 내용을 결집대중이 인정하는 방식으로 진행되었다.

1차 결집 100년 후에 이루어진 제2차 결집은 7백 명의 비구가 모여서 결집했다하여 7백결집이라 하는데 율장에 〈칠백결집비니법〉 가운데 상세한 내용을 확인할 수 있다. 이러한 과정을 거쳐 최근에는 미얀마에서 제8차 결집을 했는데 결집장소를 동굴 모양으로 만들어 그곳에서 제8차 결집을 하고 그 내용으로 현재 승단운영과 가르침을 펴고 있다.

  조계종 승가에서는 종종 적지 않은 종도들이 현실과 맞지 않는 계율을 바꿔야 한다는 이야기를 한다. 그러나 맞지 않다고 바꾸게 되면 원형을 상실하고 만다. 그러므로 원형을 그대로 살려두고 조부비니법이나 비니중일법의 내용처럼 각종 회칙에서 사용하는 부칙조항을 보완하여 운영한다면 계율을 바꾸지 않고도 현실에 맞게 활용할 수 있을 것이다.

다툼을 없애는 법

수행과 교화를 목적으로 살아가는 승가 내에도 수많은 대중들이 모여 살다 보니 크고 작은 많은 분쟁이 발생하게 된다. 정법시대와 상법시대가 지나고 말법시대라 하는, 도심(道心)과 원력이 부족한 시대에 살다 보니 각종 분쟁과 송사가 끊이지 않고 발생하는 것은 어쩌면 당연한 일이 아닌가 생각되기도 한다.

가끔 조계사를 찾다 보면 한국불교 1번지답게 많은 사람들이 출입하고 각종 이해관계와 억울한 일을 풀어내기 위한 1인 시위를 비롯하여 대·소집회를 목격하게 된다.

부처님께서는 승가의 부정적인 면을 이야기하거나 스님들을 비난하는 일을 금하셨는데, 꼭 그 방법밖에 없는가 하는 아쉬움과 함께 승가의 분쟁을 해소시키는 방법에 대한 고민과 점검이 절실히 필요하다는 생각을 하게 된다.

부처님 당시에는 대중처소에서 분쟁이 발생하면 어떻게 해소했을까? 출가와 재가, 승단과 국가 간에 분쟁이 발생되면 어떤 방법으로 해결했을까?

이러한 분쟁은 부처님 당시에도 교단의 규모 및 교세가 커가면서 다양하게 발생하게 되었는데 승단화합과 교단의 안정을 위해 여러 가지 분쟁해결 방법을 제정하였다. 분쟁이 발생되면 분쟁을 해결할 소임자를 선출해서 갈마를 진행하게 되는데 이를 행주인이라 한다.

행주인은 열 가지 조건을 갖추어야 하는데 그 구체적인 조건은 '계를 구족하게 잘 지키고, 들은 것이 많고, 비구·비구니의 계율을 잘 외우며, 그 이치를 잘 알며, 말을 잘하고 언사가 분명하며, 문답을 잘 감당할 수 있고, 다투는 일이 일어나면 잘 소멸하게 하며, 편애하지 않고, 성을 잘 내지 않고, 두려워하지 않으며, 어리석지 않아야' 한다. 이러한 열 가지 조건은 재판의 진행을 맡은 소임자로서 기본적으로 갖추어야 할 최소한의 조건이라 할 수 있다.

승단 내에서 다툼이 발생하면 그 다툼을 해소하기 위하여 갈마를 진행하게 되는데 개인의 잘못에 대하여 벌을 주는 일보다는 쟁사를 없애고 대중을 화합시키는 데 주력하는 것이 승가의 멸쟁갈마(滅諍羯磨)이다.
　다툼을 없애는 방법으로 칠멸쟁법(七滅諍法)이 있는데 첫째는 쟁사를 일으킨 사람이 대중 앞에서 그 일을 드러내게 하는 것이고, 둘째는 문제의 발단을 정확하게 기억하게 하여 분쟁을 없애고, 셋째는 허물을 정신이 혼미해서 짓게 되었는데 지금은 정신이 맑다는 것을 규명해서 분쟁을 없애는 것이고, 넷째는 본인이 자백하게 해서 분쟁을 없애는 것이고, 다섯째는 다수결로써 분쟁을 없애는 것이고, 여섯째는 허물의 증거를 찾아서 분쟁을 없애는 것이고, 일곱째는 증거나 기억이 분명하지 않은 문제는 풀로 땅을 덮듯이 해서 분쟁을 없애는 것이다.
　이 칠멸쟁법은 제3공화국 시절에 법무부장관을 지냈던 황산덕 박사의 일화로 유명하다. 젊은 시절에 교도소에 수감되었을 때 감옥 안에서 〈사분율장〉을 보게 되었고, 〈사분율장〉의 바라제목차 끝부분에 수록되어 있는 칠멸쟁법을 보고 불교계율의 수승하고 방대하며 체계적인 내용에 감동해서 신심 있는 불자가 되었다고 한다.
　최근 승가에서 분쟁이 발생하면 승단 내에서 해소하지 않고 세속법정에서 해결을 시도하려하는 사례를 종종 볼 수 있다. 현재 승가 내에서의 문제를 풀어 나갈 수 있는 근거가 되는 것은 종헌종법이다. 그러나 종헌종법이 율장과는 상이한 요소가 적지 않고, 승가 내에서 행해지는 갈마방법을 통해서 만족할 만한 문제해결이 어렵다는 판단에서 사회법으로 해결을 시도하는 경우도 적지 않다고 한다.

사회법이 아닌 승가고유의 갈마법을 통해서 다툼을 없앨 수 있게 하려면 첫째는 종헌종법을 부처님께서 의도하셨던 승가제도와 율법정신에 부합되게 보완해야 할 것이며, 둘째는 다툼을 풀어내는 소임과 연관이 있는 소임자의 자격기준을 엄정히 해야 할 것이다.

율장은 그 어떤 종교의 계율보다 수승한 체계를 갖추고 있지만 율장에 대한 연구가 부족해서 그 제도를 효율적으로 활용하지 못하고 있는 것도 사실이다.

율장에 근거한 분쟁해결법이야말로 억울한 사람을 줄이고 신심으로 깨달음을 향해 정진하는 일을 쉼 없이 계속하게 하며, 청정화합승가를 지켜 갈 수 있는 최선의 방법이라 생각한다.

승가공동체의 운영과 갈마

승가공동체가 여법하게 운영되려면 각종 갈마가 법도에 맞게 이루어져야 한다. 그러나 우리의 현실에서 승가와 재가의 구성원에게 대단히 생소하게 느껴지는 단어가 바로 갈마(羯磨)인데 그 이유는 이 단어를 자주 사용하지 않음은 물론 그 개념에 대한 이해가 부족하기 때문일 것이다.

갈마(羯磨)란 본래 인도말인 카르마(Karma)를 중국에서 음사해서 한문으로 표기한 것이다. 카르마는 업(業)의 의미로 사용되기도 하는데 몸이나 입이나 뜻으로 짓고 있거나 지은 행위를 의미하기도 하고, 율장에서는 일을 판단하거나[辦事], 행사를 하거나[作

事], 불교의 법에 대한 일[作法事]에 사용되며 각종 갈마방법에 대한 주석서로는 도선스님이 저술한 〈사분율행사초〉와 원조율사가 저술한 〈사분율행사초자지기〉 등을 꼽을 수 있다.

갈마는 크게 법(法), 사(事), 인(人), 계(界) 등 네 가지 조건을 갖추어야 한다. 법(法)은 각종 사안에 대해서 참회를 하거나 대중을 화합시키거나 물건을 분배하거나 수계나 포살을 하는 등의 작법(作法)에 관한 것이다. 사(事)는 계를 범한 일이나 분쟁이 발생했거나 갈마를 해야 할 일이 발생한 것이고, 인(人)이란 갈마를 행할 때 사안의 크고 작음에 따라서 갈마하는 스님들의 수가 정해지는 것이며, 계(界)는 갈마하는 장소를 뜻한다. 이러한 네 가지 조건을 현대사회의 법원에서 재판을 하는 일과 비교해 보면 법은 재판을 할 수 있는 근거인 각종 법 조항을 말하며, 사는 재판을 하게 된 각종 사안이 되며, 인은 재판에 필요한 인원인 판사·검사·변호사 등이며, 계는 재판을 진행하는 장소인 법원과 같다.

갈마하는 방법으로는 단백갈마(單白羯磨), 백이갈마(白二羯磨), 백사갈마(白四羯磨)의 세 가지 갈마법이 있는데 이 세 가지 방법으로 어떠한 갈마라도 할 수 있다. 이 세 가지 갈마법을 통해서 갈마하는 조항은 134가지가 율장에 언급되어 있다.

단백갈마는 가장 간단한 갈마법으로 사안이 가벼울 때 시행하며, 갈마를 받을 비구가 다른 비구를 향해 한번 고백하는 방법으로 39가지의 법이 있다. 백이갈마는 정족수 이상의 스님들 가운데서 율에 밝은 스님을 뽑아 참주(갈마를 진행하는 스님)로 하고 갈마를 받을 스님이 참주에게 고백하면 참주는 대중에게 그 사실을 한 번 공표(公表)하는 갈마법으로 비교적 사안이 가벼운 57가지의 법이 백이갈마로 진행되었다.

백사갈마는 사안이 무겁거나 중요한 일을 해야 할 경우에 하게 되는데 정족수 이상의 스님들 가운데 참주를 뽑고 갈마를 받을 스님이 참주에게 고백하면 참주가 대중 스님에게 세 번 공표하는 갈마법으로 38가지가 있다.

이러한 세 가지 갈마법으로 할 수 있는 중요한 갈마는 결계를 하고 해계를 하는 갈마, 스님들의 안거와 자자에 대한 갈마, 포살하는 갈마, 죄를 풀어주는 갈마, 수계갈마, 옷과 의약품 등을 대중에 내놓는 갈마 등이 있다.

율장에서는 새로운 승단구성원이 되기를 희망하는 사람이 있을 때 수계하는 방법과 범계사실에 맞는 참회 및 출죄를 하는 방법, 다툼이나 송사를 억울하지 않게 해결하기 위한 다양한 장치들을 마련해 두었는데, 전원이 화합해서 그 사안에 대해서 이의가 없을 때 갈마가 성립되는 경우가 대부분이다. 합의를 이루어 내기가 다소 쉽지 않더라도 선거나 과반수의 합의를 통해서 문제를 풀어 나가는 방법보다는 산중의 어른을 모실 때 전통적으로 행했던 산중총회라는 방법처럼 전원화합으로 일을 풀어나가는 방식이 여러 가지 부작용을 최소화하고 부처님께서 권장하신 방법으로 승단을 운영하는 방법이 될 것이다.

합의를 이루어내기가 다소 쉽지 않더라도 선거나 과반수의 합의를 통해서 문제를 풀어 나가는 방법보다는 산중의 어른을 모실 때 전통적으로 행했던 산중총회라는 방법처럼 전원화합으로 일을 풀어나가는 방식이 여러 가지 부작용을 최소화하고 부처님께서 권장하신 방법으로 승단을 운영하는 방법이 될 것이다.

여법한 승갈마의
조건인 족수足數

　　　　　　승가에서 진행되는 다양한 종류의 갈마를
　　　　　　승갈마라 한다. 법적으로 하자가 없이 회의
　　　　　　가 진행되어야만 그 회의 결과가 효력을 발
휘할 수 있다. 그러한 조건을 갖추는 일 중에 중요한 부분이 바
로 갈마가 이루어 질 수 있는 최소한의 대중이 모여서 갈마가 진
행되었는지의 여부이다.

　사회에서 회의를 진행할 때 사안에 따라서 회칙에 명시된 정
족수의 과반수 또는 2/3 참석을 확인하여 그 회의의 적법성을
인정하는 것처럼 승갈마에서도 대단히 중요시 하는 것이 정족
수의 확보이다. 대부분의 갈마가 현전승가 안에서 수행하는 전

원이 참여하여 전원이 찬성해야 하지만 사안에 따라서 최소한의 인원을 명시하기도 했다.

당(唐)의 도선(道宣)율사가 저술한 〈사분율산번보궐행사초〉에 의하면 네 가지 승가를 말하고 있는데 이는 4인승·5인승·10인승·20인승이다. 4인 승가는 설계와 결계 등의 갈마를 할 수 있고, 5인 승가는 중앙이 아닌 변방에서 수계를 할 수 있으며 어느 곳이든 자자(自恣)를 할 수 있다. 10인 승가는 중국(불법이 흥하여 스님들이 많이 사는 곳)에서 구족계수계가 가능하고, 20인 승가는 승잔죄의 출죄갈마를 할 수 있다.

이밖에도 율장에는 대중에 참회를 하거나 물건을 내놓을 때에 필요한 최소의 인원도 명시되어 있다는데, 1인에서 3인까지는 별중(別衆)이라 하여 여법한 승가의 승수에 들어가지 못한다. 그러므로 별중의 조건으로 이루어진 갈마는 적법성을 인정받을 수 없다.

별중은 청정화합승가의 기준을 충족하지 못했기 때문에 승가라고 하지 않는다. 승보로 인정되는 조건 가운데 범부승의 경우 4인 이상의 화합승가가 모여 여법한 갈마를 통해 승단운영을 할 때 이러한 승가의 스님들을 승보(僧寶)라 한다.

4인 이상으로 구성된 승가에서는 결계와 보름마다 행하는 포살법회가 가능한데, 인원 수가 더 필요한 사안에 대해서는 대중이 많이 모여 사는 승가에 편입하는 절차를 거쳐서 갈마를 해야 하는 경우를 율장을 통해 자주 확인할 수 있다.

  5인 이상일 때 가능한 갈마는 변방에서 구족계 수계를 할 때와 안거를 마치며 자자를 할 때인데, 발로참회를 하는 1인과 이를 증명하는 4인의 대중이 필요하다. 10인의 승가는 구족계를 수계할 때 스님들이 많이 모여 사는 곳에서는 꼭 갖추어야 하는 최소인원이다. 그러나 구족계를 수계할 때에 증명하는 삼사칠증이 10인이고 여기에 교수사, 인례사 등 여법한 수계가 이루어지기까지 적지 않은 숫자의 스님들이 동참해야 수계산림이 가능하다. 20인의 승가는 승잔죄를 범했을 경우에 7일에 걸친 참회를 법식대로 행하고 나면 20명 이상의 대중이 모여 참회여부를 갈마하는데, 이를 출죄(出罪)갈마라고 한다.

  한편 비구니 스님들은 비구니 승가에서 출죄갈마를 하여 그 결과를 비구승가에 보고하고 비구승가에서 출죄갈마를 다시 해야 출죄갈마가 이루어진다.

  한국불교의 조계종 승가에서는 이처럼 가장 기본적인 내용을 대단히 생소하게 느끼는 경우가 적지 않은 것 같은데 이는 생활 가운데 이러한 시스템이 철저하게 적용되지 않기 때문이 아닐까 생각한다.

 수계를 통과의례 정도가 아닌 목숨을 걸고 지켜내야 하는 소중한 것이라는 인식과, 범계 행위로 족수에 들지 못한 조건에서 이루어진 갈마는 여법한 갈마로 인정받을 수 없다는 사실을 염두에 둔다면 한 사람의 여법한 스님과 그러한 스님들의 모임인 승가의 소중함은 아무리 강조해도 지나치지 않다고 볼 수 있다.

갈마로 도량을 만들다
- 결계 結界

　　　　　　　승가는 현전승가와 사방승가로 크게 나눌 수 있다. 사방승가는 지구상에 존재하는 모든 승가를 포함한 공동체이고, 현전승가는 대계를 결계하고 그 결계 안에서 공주(共住)하는 4인 이상의 화합승가를 말한다.

　율장을 통해 확인할 수 있는 대부분의 갈마는 현전승가를 구성하는 기본이 되는 포살·자자·출죄 등이며 이는 현전승가 안에서 이루어진다. 조계종에서도 종법으로 결계와 포살을 시행하고 있는데 그 규모를 각 단위사찰이 아닌 교구단위로 시행한다.

현전승가를 구성하는 기본이 되는 것은 결계(結界)인데 대계와 소계로 나누어진다. 대계는 그 범위가 최소단위는 5인 이상이 들어갈 수 있는 공간이면 되고 최대범위는 3유순 이하여야 한다. 이러한 규정을 근거로 보면 교구단위 결계의 대부분은 각 말사가 포함되겠지만 교구의 범위가 큰 경우와 타 지역에 개설된 포교당 및 해외 포교당은 보완책이 있어야만 한다. 소계의 경우는 승가공동체의 운영의 편리를 도모하기 위해 운용된 제도인데, 수계장·정지·정주 등이 대표적인 경우이다.

수계장의 경우 소계를 결계하지 않으면 수계산림에 필요한 인원 이외에 대계 안에 공주하는 모든 대중이 참석해야 되기 때문에 이러한 불편을 보완하기 위해 소계를 결계하게 된다.

처음에는 대계 밖에 소계를 결계했으나 수계산림 도중에 강도에게 의발을 빼앗기는 상황이 발생하게 된 일을 계기로 대계 안에다 수계장을 소계로 결계해서 수계산림을 하게 되었다.

정지(淨地)의 경우도 부처님 계율의 근본정신으로 보면 탁발한 음식을 쌓아두고 먹을 수 없었다. 비교적 탁발이 수월한 인도의 경우는 그 전통을 지키기에 크게 어렵지 않았으나 교화영역이 넓어지면서 곡식을 쌓아두고 먹을 수 있는 공간이 절대적으로 필요하게 된다.

특히 추운 지역에는 추수철에 곡식을 준비하지 못하면 먹는 문제가 심각하게 발생하게 된다. 이러한 불편을 해소하고 원칙도 잘 지킬 수 있는 방법이 바로 대계 안에 소계를 결계하는 방법이다. 정주(淨廚) 역시 대계 안에서는 음식물을 조리할 수 없게 규정한 원칙을 지키면서도 생활의 불편을 해소하기 위해 제정된 제도이다.

인도와는 기후조건이 현저하게 다른 한국불교의 경우 각 사찰마다 추수한 곡식을 쌓아두는 창고와 음식을 조리하는 공양간이 있는데, 이는 정지와 정주를 소계로 결계해서 사용하고 있다고 볼 수 있다. 이처럼 부처님께서 제도화 하신 여러 가지 내용을 보면 원칙을 지키면서도 생활의 불편을 최소화하게 깊이 배려하고 있음을 확인할 수 있다. 이러한 전통을 바탕으로 불교가 세계종교가 되면서 발생하는 각종 문제를 해소시키는 방법으로써 활용된 것이 청규라고 할 수 있다.

도선(道宣)스님이 저술한 〈사분율산번보궐행사초〉의 결계방법편을 보면 '만약 결계를 할 때 결계의 범위를 정확하게 하지 않으면 현전승가가 사는 도량이 결계 밖이 될 수 있다. 별중이 될 수 있고, 옷을 떠나서 생활하는 등의 여러 가지 일이 발생해서 하안거를 성만하지 못하는 결과가 나오기도 한다'라고 분명하게 결계를 해야 함을 강조하고 있다.

결계로 변한 도량은 금강륜(金剛輪)이 이루어졌기 때문에 겁화(劫火)에도 파괴되지 않는다고 설명하고 있는데, 육안으로 보면 구별되지 않지만 천안으로 보면 기세간이 금강륜으로 변했기 때문에 괴겁이 되어 수미세계가 파괴될 때에도 그 도량은 파괴되지 않는다는 의미이다. 그러나 현실에서는 이러한 여러 가지 갈마를 생소하게 느끼는 경우가 적지 않다. 우리가 사는 도량의 한계가 어디까지인지를 확인 시켜줄 결계석(結界石)을 세우고 현전승가의 개념을 분명히 하는 일이 바로 여법한 화합승가를 운영하는 기본이 될 것이다.

부처님께서는
출가한 연령인 승랍으로 좌차를 정하시고
어떤 예외도 허용하지 않으셨다.
이는 승가가 어떠한 경우든
세속적인 계급에 의한 질서를

승가위계질서의 기준, 좌차 座次

　어느 단체든 그 단체가 가지고 있는 질서체계가 있고 그 기준에 의해서 상하를 구분한다. 세간에서는 직위와 직책에 의해서 좌차가 정해지는 경우가 많다. 나이가 어려도 왕이나 대통령이 되면 그에 합당한 위치와 의전이 있고 그 의전규칙에 의해서 자리가 정해지게 된다. 그러나 승단의 경우는 소임보다는 승랍에 의해서 자리가 정해지는 제도를 운용하였고 이 원칙을 엄격하게 적용해 왔다.

　부처님께서는 출가한 연령인 승랍으로 좌차를 정하시고 어떤 예외도 허용하지 않으셨다. 이는 승가가 어떠한 경우든 세속적인 계급에 의한 질서를 수용하지 않겠다는 의지표현으로 볼 수 있다.

현재 조계종의 총림 및 대중처소의 경우를 보면 좌차가 승랍과 소임을 참고로 정한 경우가 대부분인 것 같다. 그러다 보니 안거를 할 때마다 좌차로 인한 시비가 자주 발생하기도 한다.

특히 소임을 우선해서 정할 경우에 중요한 소임을 살지 못한 스님들은 승랍이 많아도 늘 하차좌에 앉아야 하는 경우도 발생한다. 이는 소임을 우선해서 세간의 관료주의의 형식을 따온 것이 오랫동안 관행으로 내려온 것이라 볼 수 있다.

심지어는 승랍으로 좌차를 정해야한다는 데 동의하는 스님들조차도 주지나 유나, 강주, 율원장 등의 각급 수행 및 교육기관의 장은 승랍에 관계없이 윗자리에 앉아야 한다고 생각하는 경우도 많다. 이는 대중통솔이 어렵다는 이유 때문인데 대중을 통솔하는 것은 능력의 문제이므로 좌차를 무너트려야 할 만큼의 당위성을 갖고 있다고 볼 수 없다.

율장을 보면 답파마라존자가 아라한과를 증득하고 나서 수행 삼아 대중의 방사와 의발 등을 나누어 주는 소임을 자청해서 맡았음을 알 수 있다. 그러므로 소임자는 평등한 마음으로 두려움이 없이 소임을 볼 수 있는 자질을 기본적으로 갖추어야 한다.

한국에서 소임 위주의 좌차와 소임 및 승랍을 병행해서 좌차를 정하는 모습만을 보다가 대만 정각정사에서 완전한 승랍 위주의 좌차를 정하고 운용하는 모습을 보면서 크게 부러운 생각을 했다. 그곳에서는 방문하겠다는 의사를 표하게 되면 가장 먼저 요구하는 것이 방문하는 대중의 승랍이 표기된 인적사항이다. 이미 상주하고 있는 대중과 방문하는 대중이 결계 안에 들어서는 순간 현전승가의 일원이 되므로 승랍에 의해 좌차를 정하고 그 좌차에 따라서 공양·예불과 각종 갈마를 하는 갈마장의 좌차가 정해지게 된다.

몇 해 전 영축율원에서 대중들이 정각정사를 방문했을 때 승랍이 많은 노스님을 방장소임자인 과청율사보다 상석에 모시고 자연스럽게 공양을 했으며, 영축율원의 율주스님이 정각정사의 노스님보다 승랍이 높기 때문에 노스님 위에 자리를 마련해서 공양과 예불을 했는데도 아무런 불편이 없었던 체험을 한 적이 있다.

이미 오래전부터 한국불교의 조계종 승가에서 운영되어 오던 소임 위주의 좌차와 소임 및 승랍을 병행해서 운용하고 있는 좌차를 순수한 승랍위주로 운용하는 방법으로 빠른 시일 내에 정착되었으면 한다.

부처님께서 강조하셨던 여법여율한 제도가 사장되고 있는 현실에서 승가의 자긍심은 크게 훼손될 수밖에 없다. '있는 제도 없애지 말고 없는 제도 만들지 말라'는 기준을 적용할 때 부처님께서 제정하신 계율을 근거로 하여 율장에서 분명하게 명시해 놓은 부분을 기준점으로 활용하는 일이 참으로 중요하다.

안거 安居 제도와 수행교단

전국의 모든 사찰에서 동안거 입제를 하고 석 달 간의 정진을 시작했다. 처절한 자신과의 싸움으로 석 달 동안 정진이 끝나야 음력 정월보름에 해제를 하게 된다. 안거의 전통이 잘 지켜지고 있는 한국불교는 이 시대 불교의 희망이기도 하다.

한국불교에서 안거는 하안거와 동안거가 있으며 각각 3개월씩 시행되고 있다. 안거시작을 결제라고 하는데 산문출입을 하지 않고 정진하는 것을 원칙으로 한다.

안거가 끝나고 자유롭게 다니며 선지식을 참방하는 등 자유롭게 수행하는 기간의 시작을 해제라고 한다. 하안거는 음력 4월

15일에 시작해서 7월 15일에 끝나며 동안거는 음력 10월 15일에 시작해서 1월 15일에 끝난다.

그러나 인도불교에서는 하안거만을 제정하였는데 인도 기후의 우기인 몬순(Monsoon)기를 안전하게 보내기 위해 외도들이 행하고 있던 관습을 국왕의 권유로 실시하게 되었다. 〈사분율장〉에 전해지는 안거의 제정 동기를 보면 다음과 같다.

> "부처님께서 사위국기수급고독원에 계실 때 여름에 비가 많이 오고 큰 홍수가 났을 때에도 스님들이 계속 유행을 하였다. 그 기간 동안에 옷과 발우를 잃어버리기도 하고 초목이나 생명들을 밟아 죽이게 되니 여러 거사들의 비방을 받게 되었다. 이러한 인연으로 석달 여름안거를 허락하셨다."

당시 안거가 시작되면 유행만 하지 않을 뿐 걸식 등을 위한 출입은 허용되었고 법에 대한 토론과 자유로운 정진을 하며 보냈으며 포살과 갈마 등을 시행했었다.

포살은 보름마다 비구·비구니의 계목을 외우는 의식이고 갈마는 사안이 있을 때 적합한 숫자의 스님들이 모여 범계한 스님의 참회와 출죄 등의 회의를 진행하는 일과 대중에서 발생하는 각종 문제를 해결하는 방법이다. 안거가 끝나기 하루 전에는 대중이 함께 모여 자자(自恣)를 하는데 이때 자신의 허물을 보았거나 들었거나 의심되는 일이 있으면 지적해 달라고 대중에게 청하는 의식이다.

안거 중에 외출은 부처님·법·스님에 관련된 일을 처리하거나 부모 또는 신도의 수계나 참회를 위한 외출일 경우에 한해 7일, 15일, 1개월까지 허용되었으며 비구니 스님은 7일까지만 허용되었다. 정해진 날의 밤을 넘겨서 돌아오면 안거가 깨어지게 되는데 비구로서 안거를 이루지 못하면 돌길라죄를 범하는 것이 되고, 비구니가 안거를 이루지 못하면 대중에게 참회해야 하는 바일제죄를 범하는 것이 된다.

안거 중에 행하는 가장 중요한 일은 설계포살이다. 계율에 밝은 비구가 포살법사로 뽑혀서 행하게 되는데 계율을 지키면서 선정을 익히는 수행방법의 기본이다.

안거를 위해서는 안거 기간 동안 의지할 수 있는 율사(依止師)가 꼭 필요하다. 이는 율장의 안거조항에 규정된 것으로 의지사가 안거 중에 입적하면 다른 의지사를 뽑아야 하고, 함께 하는 대중 가운데 자격을 갖춘 스님이 없으면 다른 대중에서 모셔 와야 한다. 그런 상황도 안 되면 전체 대중이 의지사가 있는 곳으로 옮겨가서 안거를 해야 안거가 이루어질 수 있다. 안거는 사실상 율사를 의지해서 해야 하며 부처님 당시의 선지식을 의지사라 할 수 있다.

안거는 율장에서 제정한대로 시행하지 않으면 안거가 이루어지지 않는다. 안거가 이루어지지 않으면 승랍이 늘어나지 않고 청정화합승가로서 그 수에 들 수도 없다. 설계포살을 통해 청정성을 유지하고 바깥출입을 줄여 수행에 힘쓰는 기간이 안거이다.

안거제도가 율장을 근거로 시행되고 있는데 여법여율한 안거의 시행을 통해 청정수행가풍을 잃지 않는 일이 지금 한국불교에서 가장 중요한 일이 아닌가 생각한다.

스승과 제자의
책임과 의무

　부처님께서는 출가자가 여법한 위의와 승가의 여러 법도 및 수행방법 등을 익힐 수 있도록 제도화 하셨는데 바로 은사를 정하여 출가하는 제도이다. 스승은 제자를 보살펴 승가의 일원으로 키워야 할 의무가 있고, 제자는 스승의 말씀에 수순하며 힘써 익히고 정성껏 모셔야 할 책임이 있다.

　스승은 오랜 경륜과 지혜로 제자를 바른 법으로 이끌어 주고, 제자가 어려울 때 보호자의 역할을 해야 하며 노후를 제자에게 의탁할 수 있고, 제자는 스승을 본받고 의지하면서 훌륭한 인격을 지니고 대중과 화합하며 여법여율하게 수행하는 비구로 성장할 수 있다.

그러나 한국불교의 스승과 제자의 관계는 부처님께서 생각하셨던 제도와는 다른 모습으로 정착된 부분이 적지 않다. 사찰유지를 위한 일에 투입하는 등 인천의 사표가 될 수 있는 여러 가지 교육에 등한시 하는 경우도 있고, 제자의 경우에도 권세나 돈이 없는 스승을 업신여겨 문안과 제자의 도리를 다하지 못하고 출가의 목적을 망각하는 경우도 있다.

파행적인 사제관계를 수행자다운 스승과 제자의 관계로 회복하려면 율장에 의지해서 그 정신을 살리는 일이 중요하다 할 수 있다.

승가에서는 은사를 화상(和尙)이라고 부른다. 화상은 팔리어로 우빠쟈야(upajjaya)이며 중국에서는 오파타야[鄔波馱耶]로 음역되었다. 그 뜻은 대중의 스승, 친교사(親敎師) 등이다. 구마라습 삼장은 역생(力生)이라 번역했는데 제자는 스승을 의지해서 도력이 생기기 때문이다.

율장에서는 출가하여 구족계를 받을 때 출가하기 어려운 13가지의 중요한 조건들을 확인하고 꼭 준비해야 할 16가지의 내용들을 확인하여 결격사유가 없어야만 구족계를 줄 수 있는데, 화상이 있는지의 여부는 십육경차(十六輕遮) 중의 하나이다. 그러므로 화상은 출가가 성립되는데 중요한 조건 중의 하나라 할 수 있다.

구족계를 받은 후 10년이 지나고 율에 밝은 지혜로운 비구만이 제자를 받을 수 있다. 비록 비구가 된 지 10년이 지났다 해도 제자를 가르칠 만한 지혜가 없으면 제자를 두지 못하고, 계율에 밝지 않은 스님과 만행을 떠나는 일도 금지하고 있다. 만일 화상이 출타하거나 일이 있어서 제자를 가르치지 못할 때에는 다른 지혜 있는 스님에게 맡겨서 교육해야 한다.

또 제자가 행동에 문제가 있으면 스승은 승가에 갈마를 청하여 참회하게 하고, 제자에게 문제가 생겼을 때는 제자가 스승을 공경히 대하듯이 제자를 돌봐 주어야 한다. 제자가 의심나는 것이 있으면 법과 율로써 가르치며 나쁜 견해를 버리고 좋은 견해가 생기게 해야 한다. 이러한 여러 가지 일들을 두 가지로 요약해 보면 첫째는 법으로써 계율과 수행과 지혜를 증장시키고, 둘째는 음식과 옷과 각종 생필품과 의약 등으로 수행에 어려움이 없도록 하는 일이다.

앞에서 언급한 내용이 화상이 행해야 할 법이라면 제자에게도 제자법이 있다. 율장에서는 제자법을 상세히 열거한 뒤에 '화상법을 행하는 법은 제자법과 같다' 라고 언급하고 있는데 스승은 군림하는 존재가 아니며 제자 또한 화상의 가르침을 무시하고 마음대로 행동할 수 없음을 알 수 있다.

  제자를 두는 것이 목전의 이익이나 세력을 위한 것이 아니며 불법이 길이 유통될 수 있게 하는 소중한 일이다. 제자 하나를 두게 되면 지옥길이 그만큼 넓어진다는 옛 스님의 말씀처럼 되지 않으려면 화상법과 제자법을 참고로 각자 본분에 충실해야 할 것이다.

제자의 경우에도 권세나 돈이 없는 스승을
업신여겨 문안과 제자의 도리를 다하지 못하고
출가의 목적을 망각하는 경우도 있다.

파행적인 사제관계를 수행자다운 스승과
제자의 관계로 회복하려면 율장에 의지해서 그 정신을
살리는 일이 중요하다 할 수 있다.

소임자의 자격

부처님 당시 승단을 운영할 때 적용했던 소임자의 자격기준은 아사리, 화상, 장로 등이 있다. 아사리(阿闍梨)는 출가(出家)아사리, 수계(受戒)아사리, 교수(敎授)아사리, 수경(受經)아사리, 의지(依止)아사리 등 다섯 종류이고, 화상(和尙)은 수계한 지 10년이 지나야만 자격이 주어지며 장로는 구체적인 연령 규정은 없으나 청정하게 오랫동안 수행한 덕 높은 노스님을 지칭하는 말이다.

아사리는 아차리야(阿遮梨耶)를 간략히 한 말로 규칙·규범을 가르치는 모범적인 스승이라는 뜻이며 바른 행동을 보여 제자의 행을 바르게 고쳐준다는 의미에서 교수·궤범(軌範)으로 번역되며 또한 정행(淨行)이라고도 한다. 출가아사리는 의지하여 출가를 하게 하며, 수계아사리는 갈마하여 계를 받게 하며, 교수아사리는 위의를 가르치며, 수경아사리는 경을 가르쳐 뜻을 깨닫도록 한다. 이 네 가지의 아사리는 5년이 지나야 그 자격이 있다. 그러나 마지막 의지아사리는 현전승가가 모여 사는 수행공동체의 주지가 될 수 있으며 10년이 지나야 의지아사리의 자격이 주어진다.

율장에서는 의지사의 중요성을 크게 강조하고 있는데, 현전승가 안에서 의지사의 역할을 하던 스님이 안거 중에 입적하게 되면 대중 가운데 계율에 밝은 스님을 의지사로 뽑아 모시고 안거를 해야 하고, 혹 대중 가운데 적임자가 없으면 다른 곳에서 모셔 와야 하며 만약 모셔오기가 어려우면 전체 대중이 의지사가 있는 도량으로 옮겨가서 안거를 해야 비로소 안거가 이루어지는 것으로 규정하고 있다. 즉 수행공동체의 선지식이 바로 의지사라고 할 수 있다.

우리 종단에서도 10여 년 전에 승랍기산 문제로 종회에 탄원서를 낸 일이 있었고 이때 율원의 의견을 묻는 공청회가 있었다. 여러 가지 문제 해결을 위한 방법을 논의하던 과정에서 기존에 구족계를 받고 10년이 지나야 3급 고시를 볼 수 있고 이를 통과

해야 말사 주지를 할 수 있으며, 상좌를 받을 수 있다는 부분을 5년으로 낮추는 방법이 논의되었는데, 상좌는 화상이 되어야 받을 수 있고 주지는 의지아사리의 자격이 주어져야 하는 점을 강조했었다. 그러나 종법을 개정하면서 의지아사리 부분을 무시하고 구족계 수지 후 5년이면 말사 주지가 될 수 있도록 했다가 다시 이를 10년으로 고치는 등의 일도 있었다.

화상은 범어로 오파타야(鄔波馱耶)인데 역생(力生)이라 번역이 된다. 이는 스승의 힘을 빌려서 법신을 생장하게 하고 공덕의 재물로 지혜의 명을 기르기 때문이다. 또 친교사(親敎師)라고도 번역하는데 친히 가르침을 주어 세간의 업에서 벗어나게 하기 때문이다.

장로는 현전승가 안에서 승납이 높고 덕행이 원만한 스님을 말하는데 현재는 우리가 사용하지 않고 타 종교에서 자주 사용하다 보니 우리 것이 아닌 것으로 느껴지나 불교에서 사용했던 명칭이다. 이러한 몇 가지가 초기교단에서 운영되었던 대표적인 소임이다.

답파마라존자가 아라한과를 얻은 후에 대중의 방사와 발우를 나누어 주는 일을 자청하면서 세존의 허락으로 소임자가 되었는데, 이때 중요한 조건은 번뇌가 다하고 두려움 없이 평등하게 사안을 처리할 수 있는 능력이 기본이 되며, 여기에 앞서 명시한 화상, 아사리 등의 자격기준이 충족되어야 한다. 청규제정 이후에 소임은 보다 세분화 되었고 현재도 종단 내에 많은 소임이 있으며 소임자의 자격기준이 종법으로 명시되어 있다. 여기에 율장규정과 맞지 않는 부분이 없는가를 세밀히 살펴서 그 자격을 규정해야 한다.

 또한 번뇌가 다하고 두려움 없이 평등하게 사안을 처리할 수 있는 능력 있는 사람이 많지 않은 현실에서 무리 없이 소임을 완수하게 하려면 직무와 관계되는 각종 연수를 통해서 소임자로서 필요한 전문성을 확보하도록 하고, 소임에 무리가 발생하지 않도록 세심한 검증이 필요하다. 나아가 소임자의 자격에 부족함이 없고 여법여율하게 정진하는 스님들이 각자의 수행력을 대중과 중생에게 회향하는 일이 소임이어야 한다.

포살布薩,
청정승가 유지의 조건

얼마전 전국의 교구본사에서 하안거를 나면서 첫 포살법회를 봉행하였다. 포살은 안거 때마다 15일과 그믐날에 현전승가의 모든 대중이 모여서 송계(誦戒)법사의 설계(說戒)를 들으면서 그동안의 허물을 뉘우치고 승가가 청정성을 유지할 수 있도록 하는 의식이다.

포살은 산스크리트어 우파바사타(upavasatha)가 와전되어 만들어진 이름이다. 우파바사타는 베다의 소마제사를 준비하는 날인데 불교에서는 주요한 행동을 위해 준비하는 의미로 사용했고, 자이나교도는 비폭력의 실천을 의미하는 말로 사용했다.

불교교단에서는 보름마다 현전승가의 대중들이 모여서 스스로의 죄를 참회하고 고백하는 형식으로 포살을 했는데 포살을 시작하면 송계법사가 유나에게 다음과 같은 사실을 확인하면 유나는 승가가 청정함을 답변하는 형식으로 작전방편(作前方便)을 시행하는데, 그 내용은 다음과 같다. ① 대중이 모두 모였는지 확인하고 ② 화합대중에 문제가 없는지 ③ 대중이 모여서 화합하는 목적이 무엇인지 ④ 보살계를 받지 않은 이와 청정치 못한 이가 없는지 ⑤ 이 자리에 참례하지 못하는 사정과 참여하지 못한 대중이 스스로 청정함을 밝히고 위임을 한 경우가 없는지를 묻게 된다.

구족계 포살의 경우에는 비구니승가에서 포살법회를 주관할 송계법사를 보내줄 것을 요청한 일이 없는지를 확인하는 내용이 추가되는데 이는 비구니 팔경법 가운데 보름마다 비구 스님을 초청해서 교계를 받도록 한 제도를 반영한 것이다.

서문을 외우고 나면 범망경은 십중대계와 48경구계의 순서로 외우고 구족계의 경우는 4바라이·13승잔·30사타·90바일제·100중학 등을 순서대로 외우면 그에 해당되는 내용에 대한 범계사실이 없는지를 스스로 되돌아보고 점검한다. 이러한 의식을 통해 여법하게 정진하고 있는지를 확인하게 되는데 이는 청정성을 잃지 않고 화합승가로서 수행하는 일의 바탕이 되는 것이며, 이러한 조건에 의해서 승보로서의 자격이 유지된다.

불교에서 가장 보배롭게 생각하는 것이 불·법·승 삼보인데 이중 승보로서 갖추어야 할 조건은 범부승일 경우에 화합승가로서 필요한 조건을 갖추어야 한다.

지계에 문제가 없는 5인 이상의 스님들이 모여서 결계를 하고 안거를 하며 보름마다 포살을 하고 해제할 때 자자(自恣)를 여법하게 하며 현전승가 안에서 문제가 발생하면 현전승가 전원이 모여서 갈마를 통해 문제해결을 하며 살아가는 것이 청정화합승가의 모습이다. 이러한 조건이 잘 지켜지고 있는지 점검하는 의식이 바로 포살이다.

이러한 소중한 의식을 10여 년 전에 결계와 포살에 관한 법을 종법으로 제정해서 전 종도가 참여하도록 시행하고 있다. 이 법을 시행하기 전에도 수행처소에서는 포살을 시행하는 곳이 많았지만 전 종도가 참여할 수 있도록 입법화해서 시행하게 된 점은 큰 의미가 있다고 하겠다. 다만 안거 중에 1회만 참석해도 된다거나 세납이나 승납이 많은 경우에 참석하지 않아도 되게 입법화한 점은 매우 아쉽다.

부처님 당시에 운영되었던 포살제도는 전원 참석을 조건으로 했다. 병이나 기타 사정으로 참여할 수 없을 때 환자를 포살장으로 옮겨서 참여하도록 했고, 때로는 대중이 옮겨가서 포살을 하기도 했다. 또한 포살에 참여하는 횟수도 보름마다 빠짐없이 행하도록 했다. 그러나 조계종단의 경우 빠짐없이 행하는 본사가 있는가 하면 안거 중에 한두 번의 포살을 하는 본사도 있다.

안거 때마다 불교신문에 포살계획에 대하여 공고하는 내용을 보면 포살하는 횟수를 점차 줄이고 있는 추세임을 확인할 수 있다. 결계포살에 관한 입법에 참여했던 스님들을 통해 입법을 추진하면서 현실적인 어려움으로 인하여 안거 중 1회 참석과 세납과 승납이 높은 스님들의 참석은 강요하지 않고 부처님 당시의 포살과는 다른 모습으로 입법화가 이루어졌다고 한다.

그러나 우리는 부처님께서 청정승가의 일원으로서 청정승가의 기본조건을 갖추고 있는지를 점검하는 포살법회를 제정하고 운영하셨던 당시의 여법여율한 모습을 지키고 따르기 위해서는 결계와 포살에 대한 종법을 좀 더 보완해서 실시해야 한다.

"이 가운데 청정합니까?"라고 세 번 묻는 송계법사의 질문에 참으로 청정함을 확인하고 이를 승가의 자긍심으로 느끼며 정진할 때 승보로서의 소중함을 잃지 않을 것이다.

자자自恣,
청정성을 유지하는 최고의 행사

매년 하안거와 동안거를 마치면서 행하게 되는 중요한 행사가 바로 자자(自恣)이다. 자자는 스스로 늘 깨어 있지 못해서 다 챙기지 못한 허물을 함께 정진한 대중에게 지적해 주기를 청하는 행사로 조금의 청정하지 못한 부분도 용납하지 않고 개인과 단체가 청정성에 아무런 문제가 없음을 확인하는 소중한 행사라고 할 수 있으며 〈사분율장〉 자자건도법(自恣犍度法)에 상세한 내용이 언급되어 있다.

자자제도가 마련된 연기(緣起)부분을 보면 '우리들은 지킬 규칙을 마련하여 안거 동안에는 서로 말하고 예배하고 문안하지 말자'라는 의견에 합의하고 그러한 틀 위에서 한 철을 정진하고 부처님을 찾아뵈었다. 이에 부처님께서 '너희는 모두 편안하였느냐? 음식은 풍족하였느냐? 화합하며 지냈느냐? 음식 때문에 문제는 없었느냐?'라고 하시니 아무런 어려움이 없었다고 말씀드렸다. 어떻게 해서 그 일이 가능했는지를 다시 물으시니 안거 동안에 했던 일들을 자세히 설명하게 된다. 이에 대하여 부처님께서는 다음과 같이 말씀하셨다.

"너희 어리석은 사람들은 즐거움이라 생각하였겠지만 사실은 괴로움이요, 근심이 없었다고 생각하였겠지만 사실은 근심이었다. 너희들이 지낸 것은 마치 원수끼리 사는 것과 같았고, 흰 염소와 같았다. 왜냐하면 내가 많은 방편으로 비구들에게 가르치기를 서로서로 가르치고, 말을 듣고, 그때그때마다 잘못이 있으면 깨우쳐 주라고 했거늘 너희들은 어리석어 벙어리 법을 받았다. 이제부터는 이러한 벙어리 법을 받지 말라. 만일 이와 같은 벙어리 법을 행하면 돌길라죄이니라."

이렇게 해서 자자제도를 실시하게 된다. 한국불교에서도 각종 수행과 교육도량을 갖추고 있는 총림 등에서는 안거를 마치면서 자자를 행하고 있다. 자자는 대부분 해제 하루 전 밤에 저녁예불을 마치고 하게 되는데 함께 정진했던 대중이 모두 모여서 행하게 된다.

통도사율학승가대학원의 경우 대학원의 큰 방에서 자자를 하는데 한 철 동안에 운용되었던 공양금이나 공금의 사용내역에 대해서 발표를 하고 입승소임자의 주관으로 전체 대중이 참여해서 자자를 한다. 이때는 상좌로부터 자자건도에 명시된 내용대로 무릎을 꿇고 대중에게 스스로 기억나는 미처 참회하지 못한 허물을 말하고, 이어서 보았거나 들었거나 의심나는 허물에 대해서 지적하여 주시면 참회하고 여법하게 정진하겠다는 내용의 말을 대중에게 하는 것으로 자자가 진행된다.

매년 자자를 행하면서 아쉬운 점은 대중이 간절히 원하는 것처럼 보고 듣고 의심되는 내용에 대하여 지적해 주는 의견들이 별로 나오지 않는다는 점이다. 설사 어른 스님이라 하더라도 후학들이 예를 갖추어서 여법하지 못하다고 생각되는 부분을 지적해 준다면 이를 고맙게 수용해서 정진에 도움이 되도록 활용한다면 일체의 모든 인연을 선지식의 가르침으로 활용하는 일이 될 것이다.

그리고 어른 스님들이 개인적인 감정이 전혀 반영되지 않은 조건에서 간절하게 허물을 지적해 주길 원하는 후학들에게 평소에 관심을 갖고 지켜본 내용들을 지적해 준다면 다시는 그러한 허물을 범하지 않도록 하는 데 큰 힘이 되어 줄 것이다. 이렇게 활용되라고 만든 제도가 자자가 아닌가 생각된다.

스스로 허물이 적지 않기 때문에 담담하게 상대방의 허물을 지적해 주지 못하고, 혹시라도 어른 스님들이 불경스럽게 생각할까 염려되어 말하지 못하며, 도반 사이에도 좋지 않은 감정이 만들어질까 염려되어 지적해 주는 일들이 활발하게 이루어지지 않는다면 자자를 행하기는 하지만 여법여율하게 부처님께서 권하셨던 모습의 자자와는 거리가 있다고 생각한다.

늘 깨어 있는 마음으로 스스로를 관리하는 사람에게는 허물이 없을 수도 있겠지만 이는 결코 쉬운 일이 아니다. 그러므로 조금도 청정성을 잃는 일이 발생하지 않게 하려면 자자와 같은 행사가 적극적으로 활용되어야 한다.

청정한 승가를 성립시키는 기본요건은 청정성을 잃지 않은 4인 이상의 스님이다. 지계에 아무런 문제가 없는 청정한 스님의 중요성은 참으로 크다. 그러므로 부처님께서는 무량한 아라한

보다 청정한 비구 한 명이 더 중요하다고 청정성에 대하여 강조하셨다.

  청정한 승가와 청정성을 잃지 않은 비구·비구니를 지켜내는 최선의 방법이 바로 자자이다. 여법한 자자를 통해 이러한 일이 원만히 성취되었으면 한다.

출가와 효도

30여 년 전만 해도 만행을 하다 보면 대단히 안타깝다는 표정으로 사지 멀쩡한 젊은 사람이 무슨 사연으로 출가하게 되었느냐고 묻는 사람이 적지 않았다. 출가에 대한 부정적인 인식과 출가자에 대한 사회적인 평가의 한 단면이 아닌가 생각된다. 출가자와 가족 그리고 사회와의 바람직한 관계정립을 위해 출가의 의미를 생각해 보는 일은 중요한 일이다.

신심 있는 불자들로부터 '나도 스님들처럼 절에서 수행하면서 노후를 보내고 인생을 회향하고 싶다'는 말을 자주 듣게 된다. 그러나 그 자손들이 출가하는 일에 대해서는 반대하거나 서

운하게 생각하는 경우를 종종 보곤 한다. 아마도 출가 이후에 수행과정이 결코 쉽지 않을 것이라는 생각과 출가가 세속의 단절이나 가족과의 이별이 절대적으로 필요하다는 생각이 강하기 때문에, 출가에 대한 이미지가 영향을 미쳐서 표출된 분위기가 아닌가 생각된다.

사찰에서는 한 명의 여법한 출가수행자가 배출되면 구족(九族)이 하늘에 태어난다는 말을 자주 듣게 된다. 출가가 이처럼 좋고 경사스러운 일이라면 출가를 적극 권장하고 출가자가 배출되는 일을 자랑스럽게 생각하고 축복해 주는 일이 자연스러운 일이겠으나 우리 교단의 경우 그러한 모습이 보편적이지는 않은 것 같다. 오히려 부모 몰래 집을 나오거나 처자를 뒤로 하고 소식을 끊어버린 일을 당연하게 여기고 수행자의 참다운 모습으로 생각하는 경우도 있다. 이렇게 출가한 수행자의 대부분은 고향이나 가족의 곁에 가는 것을 꺼려하고 스스로 열심히 수행하는 것이 큰 효도가 된다고 생각하기도 한다. 이러한 수행풍토가 만들어진 배경에는 중국 선종의 종주 중 한 분인 동산양개 회상의 수행담과 '사친서'라는 글이 〈치문〉을 통해 권장되었기 때문이 아닌가 생각된다.

출가수행자는 세속적인 인연에 끄달리지 않고 출가 본연의 직분에 충실하여 그 결과물인 법력을 중생구제를 위해 활용하는 일이 참으로 중요한데 좋은 귀감을 보여준 경우라고 생각한다. 그러나 부처님 당시의 인도사회에서는 출가와 출가자와 가족과의 관계가 어떠한 모습이었을까를 살펴볼 필요가 있다.

　가족에게 알리지 않고 출가한 일은 부처님도 그 예에 속하지만 성도하신 후에 고향인 카필라국에 돌아가서 부왕과 가족과 수많은 석가족을 교화했으며, 정반왕이 세상과 인연이 다하자 스스로 관 앞에서 향로를 들고 장례를 모시는 일로 효심을 다하셨다. 이러한 내용이 〈정반왕반열반경〉에 기록되어 있는데 '후세 사람들이 포악해서 부모의 길러주신 은혜에 보답하지 못하면 이것은 불효자이다. 이런 후세중생을 위해 방편의 가르침을 만들 필요가 있으므로 나 자신이 몸소 부왕의 관을 멜 것이다'라고 출가자와 부모와의 관계를 보여주고 있다.

　모든 출가자가 여법하게 수행해서 수승한 능력을 얻고 그 능력으로 인연 있는 모든 사람들을 구제하는 일은 참으로 의미 있는 일이다. 그러나 지나치게 속가와의 인연을 단절하고 그 결과 출가에 대한 부정적인 시각이 보편화된다면 그 또한 곤란한 일이다.

　한국불교 출가자의 바람직한 출가자상은 어떤 모습일까? 부모님으로부터 허락을 받고 축하 속에 출가할 수 있는 분위기를 마련해야 한다. 또한 이러한 모습이 가능해지기 위해서는 출가에 대한 인식이 새로워져야 하며 출가자의 사회적 역할과 위상이 보다 긍정적으로 변해야 한다.

대만 불광산사의 경우 매년 그곳으로 출가해서 수행과 교화에 전념하고 있는 대중 스님들의 속가 인연을 초청해서 크게 잔치를 하고 그들이 하고 있는 역할에 대하여 설명을 해 주는 등의 방법으로 출가자와 가족 모두가 자긍심을 갖도록 하고 있다.

우리의 경우도 행자교육을 마치고 사미·사미니계를 수계할 때 속가인연을 초청해서 함께 삼천배정진도 하고 수계하는 모습을 볼 수 있도록 하는 일 등을 꾸준히 시도하고 있다. 매년 동참하는 인연과 호응도가 높아지고 있는데, 이러한 기회를 통해서 보다 큰 신심을 내고 후원자로서의 원력을 세우는 계기가 된다면 크게 좋은 일이라 생각된다.

출가자는 수행과 교화에 전념하고 속가 인연은 수행과 교화가 원만히 이루어질 수 있는 후원자로서의 역할을 실천할 수 있다면 수행자는 부모에게 큰 효도를 할 수 있고 그 가족은 무량공덕을 지을 수 있는 계기가 되어 부처님의 가르침을 오래도록 많은 사람들에게 전하는 긍정적인 역할을 할 수 있을 것이다.

은퇴자출가와 장애인출가

현재 대한불교조계종에서는 출가할 수 있는 연한을 50세 이하로 하고 있으며 장애인의 출가는 허용하지 않고 있다. 출가자가 줄어들면서 고령의 은퇴자출가와 장애인의 출가도 허용해야 한다는 의견도 적지 않은 것이 현실이다. 이러한 주장들은 지역적인 종교가 세계적인 종교로 그 위상이 변화하면서 인도사회에서는 필요치 않았던 부분들이 기후와 풍토가 다른 여건에 의해서 불가피하게 변화될 수밖에 없었던 다양한 사례를 참고로 이루어진 의견이라 생각된다.

그러나 먼저 부처님의 가르침에 부합하는지를 심도 있게 검토

해서 부작용을 최소화하고 문제해결의 방안을 마련해야 한다. 왜냐하면 불교는 부처님의 말씀을 근간으로 하여 실천하는 종교이므로 그 범위는 넘지 않아야 하고, 불가피하게 변화를 수용해야 할 경우에도 허용하는 범위가 분명하기 때문에 변화를 수용하면서도 기본적인 틀은 유지할 수 있을 것이다.

은퇴자 출가의 경우 과거에는 고령자 출가라는 명칭으로 종단에서 고민해 왔던 부분이다. 고령자의 출가는 부처님 당시에도 허용되었는데 율장에는 70세까지 사미계를 수계할 수 있도록 한 사례가 있음을 알 수 있다. 이는 고령자 출가가 일정부분 허용되었던 대표적인 사례이며 또한 허용한계라 할 수 있다.

한때 조계종단에서는 출가연령을 40세 이하로 제한했다가 다시 50세로 늘려서 시행하고 있다. 최근 몇 년 동안 사미·사미니계 수계산림의 운영위원으로 유나소임을 맡아 교육에 참여하면서 현장에서 느끼는 교육효과는 40세에 비해서 50세로 상향조정되면서 현저하게 떨어진 것으로 판단된다.

특히 고혈압, 당뇨 등의 지병으로 인해 정기적으로 약을 복용하지 않으면 정상적인 교육이 어려운 경우가 적지 않은 현실은 꼭 참고해야 할 중요한 내용이다.

또한 부처님 당시에도 70세까지 사미계를 받도록 허용되었던 사례를 참고하여 고령자 출가나 은퇴자 출가 문제를 접근할 경우에 가장 주의 깊게 살펴야 하는 부분은 기존에 운영되어온 교육 및 수행시스템과의 상관관계라 할 것이다. 이미 정착된 고시나 법계시스템 안에서 젊어서 출가하는 스님들은 현행 고시 및 법계제도의 틀 안에서 보다 질 높은 교육안을 마련해 시행하고, 일정기준 이상의 연령에 해당하는 수행자는 4급고시를 통과하면 구족계를 수계하는 것까지는 가능하나 그 이상은 제한을 두는 방식도 고려해 보았으면 한다.

젊어서 출가한 스님들은 보다 강화된 교육과 수행을 통해 그 역량을 극대화시키는 노력이 필요하고, 고령자는 각자의 상황에 맞게 수행을 하면서 교단 내의 역할을 하게 한다면 기존의 교육과 수행의 틀을 긍정적으로 보완하면서도 은퇴 출가자까지 수용하는 대안을 찾을 수 있을 것이다.

한편 장애인 출가의 경우는 본래 율장에서는 허락되지 않았을 뿐만 아니라 간질·당뇨·정신질환 등의 각종 지병이 있는 사람도 출가가 허용되지 않았다. 이는 출가수행자는 자기의 수행도 중요하지만 이를 회향하는 교화도 대단히 중요하기 때문에 수행과 교화에 장애가 되는 조건들을 충분히 고려하여 출가를 허용하지 않은 것으로 볼 수 있다.

장애인의 출가를 주장하는 사람들이 장애의 기준을 어느 선에 두고 있는지는 분명치 않으나 손·발이 없거나 듣거나 보거나 말할 수 없는 장애처럼 대중생활을 하는데 현저하게 문제가 된다면 곤란할 것이다. 이러한 경우라면 장애인 가운데 능력이 뛰어나고 긍정적인 면이 많다고 해도 승가공동체에서 기본적으로 유지해야 하는 수행과 교화에 어려움이 많기 때문에 이러한 사람의 출가는 불가하다고 보아야 한다.

출가생활에서 가장 중요한 부분은 화합승가를 유지하며 각종 갈마를 통해 유지하는 공동체생활이다.

각종 갈마를 여법하게 하며 청정승가를 유지하는 방법을 익히는 일이나, 경·율·론 삼장을 정미롭게 연구해서 활용하는 일이나, 이러한 교리를 바탕으로 수행하고 지혜를 체득하는 일들은 단시간에 가능한 일이 아니다. 출가범위를 무리하게 허용해서 기존 교육의 틀과 출가수행자의 위상이 훼손되어 수행과 교화에 문제가 발생하지 않도록 신중하게 접근해야 할 것이다.

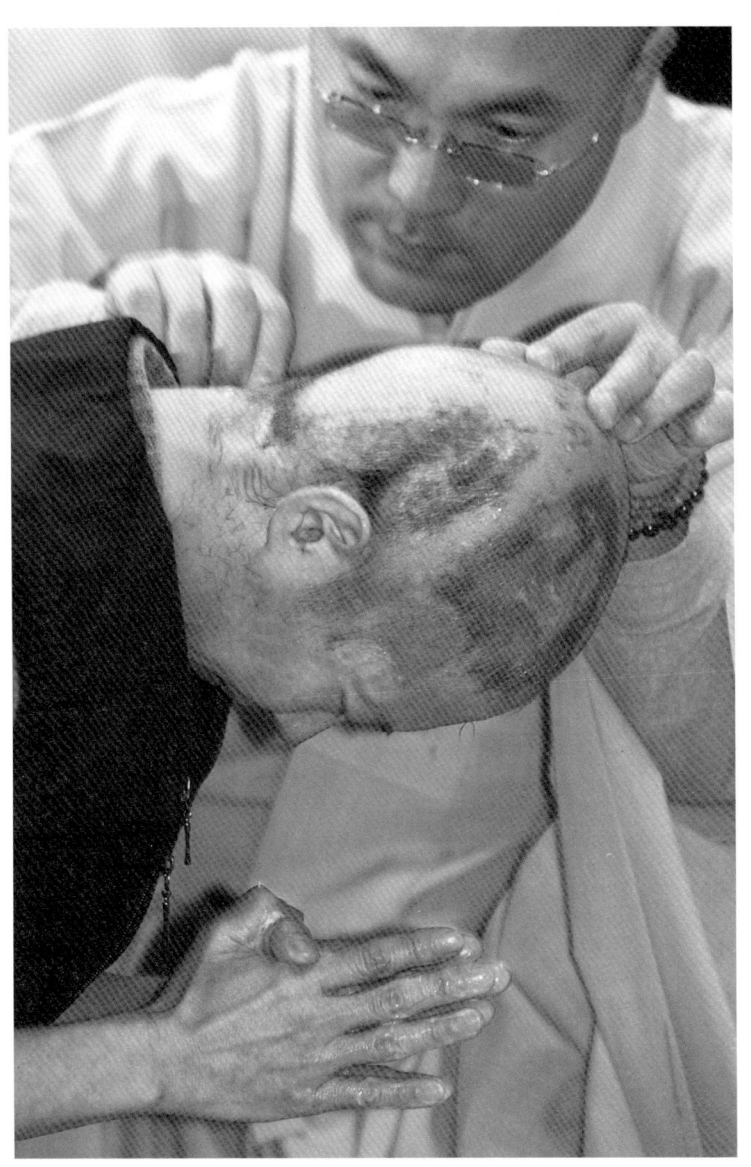

출가가 현대를 사는 젊은이들에게 희망이 되고
자신이 갖고 있는 각종 문제를 해결할 수 있는
최선의 방법이라는 확신을 갖게 될 때
젊고 유능한 많은 사람들이 출가에 관심을 갖게 될 것이다.

출가! 축하하고
찬탄할 최고의 선택

지난 2월 25일부터 3월 11일까지 제50기 사미·사미니계 수계교육을 마친 사미 54명, 사미니 26명이 출가수행자로 첫출발을 하게 되었다. 승보인 비구·비구니가 되기 위해서는 4년 동안의 기본교육과정을 거쳐야 하는 예비승의 신분이지만 수계자의 당당함 속에 한국불교의 희망을 걸어본다.

대한불교조계종은 기초교육 과정으로 6개월 이상의 행자기간을 두고 있는데 이 과정을 마치면 5급 승가고시를 응시할 자격이 주어지고 합격자에 한해서 사미·사미니계를 수계할 자격이 주어진다. 이 과정이 지나면 4년 이상의 기본교육 과정을 공부해야 하며 지방승가대학·중앙승가대학·동국대학교·기본선원 등이 이 과정의 교육기관이다. 이 과정을 통해서 구족계를 받을 수 있는 자격을 갖추게 함으로써 승가의 맥이 끊어지지 않게 한다.

지난 16일간 진행된 사미·사미니계 수계교육은 사미계를 받을 수 있는 자격을 갖추게 하는 교육이었다. 고불식을 마치고 진행된 교육과정 가운데 일보일배·삼보일배와 참회정진 등을 거치면서 행자들의 점차 맑아지는 얼굴을 볼 수 있었고, 각종 강의와 법문 등을 통해서 당당해지는 모습을 보며 교육의 중요함을 새삼 느끼게 되었다.

특히 이번 제50기에는 회향 전날 수계자들이 삼천배정진을 할 때 속가인연들을 초청해서 함께 정진하게 하는 새로운 시도를 했다. 남행자는 만덕전에서, 여행자는 설법전에서, 가족들은 남월료에서 진행된 삼천배정진을 통해 수행에 대한 이해를 새롭게 하는 출발점이 되었으면 하는 생각을 했다.

또 몇 년 전부터 시행한 사미·사미니계 수계식에 속가의 인연을 초청하여 동참하게 함으로써 이전의 수계식에 비해서 많은 가족이 함께하는 모습을 볼 수 있었다. 이러한 변화들은 출가에 대한 부정적인 이미지를 개선하고 출가의 본뜻에 대한 바른 이해를 갖게 하기 위해서 시행된 일들이다. 무엇보다도 출가수행자들의 청정성을 바탕으로 사회적 신뢰를 높이고자 노력해왔고 승가의 사회적 순기능을 통한 역할을 증대함으로써 종단 및 승가의 위상이 과거에 비해 크게 높아진 것도 사실이다.

단일계단 이후에 시작된 행자교육도 이제 50기를 지나게 되었고 단일계단 이전에 비해서 교육과 위계질서에 많은 긍정적인 변화가 이루어졌으며 사회복지 등을 통한 사회적인 기여에도 괄목할 만한 성과를 거두고 있다. 이러한 토대 위에 아쉬운 부분을 조금만 보완한다면 그 위상은 많이 달라질 수 있을 것이다.

출가가 현대를 사는 젊은이들에게 희망이 되고 자신이 갖고 있는 각종 문제를 해결할 수 있는 최선의 방법이라는 확신을 갖게 될 때 젊고 유능한 많은 사람들이 출가에 관심을 갖게 될 것이다.

대만불교의 대표적인 사찰인 불광산사에서는 매년 그곳으로 출가해서 수행하고 있는 스님들의 속가 인연을 초청해서 그들이 실천하고 있는 여러 가지 긍정적인 역할들을 보여줌으로써 가족들이 자긍심을 갖게 한다고 한다. 그런 의미에서 이번 제50기 수계교육 시에 출가자들의 가족을 초청하여 함께 정진하도록 시도했던 일은 가족들로 하여금 수행자들이 출가하면 어떤 교육을 받게 되며 그 후 자신의 행복과 사회에 대해 어떠한 긍정적인 역할을 할 수 있고 어떠한 일들이 가능할 것인지에 대한 이해를 도울 뿐만 아니라 자부심을 느끼게 하는 중요한 시간이 되었으리라 생각한다.

  조계종단의 경우 출가자의 수가 줄고 있고 출가 희망자의 연령도 높아지고 있는 추세이다. 그러나 위기를 잘 활용하면 기회가 될 수도 있다. 교육원에서 가능한 모든 방법을 모색하여 출가자를 늘리려는 노력을 하고 있다.
  종립 중·고등학교를 활용하여 불교에 관심 있는 학생들을 신심으로 출가할 수 있도록 만드는 일도 고민하고 있고 각 종립학교와 상의해서 대안을 마련하고 있다고 한다.
  출가학교, 출가홍보대사, 출가 콘서트 등의 다양한 시도들을 하고 있는데 이러한 종책을 성공적으로 시행해서 신심과 원력 있는 출가자를 배출하고 그들이 효율적인 교육을 받도록 해서 시대의 변화를 긍정적으로 이끌어 갈 수 있게 될 때 출가는 희망이 되고 이를 축하하고 찬탄할 수 있는 긍정적인 모습으로 인식되게 될 것이다.

좀 더 수행에 전념하게 하기 위하여,
성취한 깨달음을 전해줄 수 있는
좋은 여건을 마련해 주기 위하여,
승가를 비난하고 승가에 등 돌리며
떠나가는 인연을 줄이기 위하여
세심하게 고민한 흔적이 바로 율장이다.

계율이야기 ❷

율장정신의 활용

계율, 깨달음의
도반인가, 잔소리인가?

우리 주변을 둘러보면 같은 조건에서 다른 결과를 만들어 내는 경우를 종종 보게 된다.

예를 들면 한 가정에서 형은 알코올중독자가 되었으나 동생은 유명한 법조인이 된 경우이다. 그 가정에는 알코올중독자인 아버지가 있었는데 형은 알코올중독자인 아버지 때문에 제대로 공부를 할 수 없어서 스스로도 알코올중독자가 된 반면에 동생은 절대 아버지처럼 되지 않겠다는 다짐을 하며 열심히 공부한 결과 어려운 사법고시를 통과해서 변호사가 된 것이다.

계율도 마찬가지인 것 같다. 계율을 통해서 부처님의 큰 자비를 느끼고 수행에 도움이 되는 방향에서 적극적으로 활용한다면 계율 덕분에 빨리 깨달음을 성취하게 될 것이고, 그저 잔소리꾼의 잔소리로 느끼고 거기서 벗어나기만 바란다면 깨달음과는 멀어질 수밖에 없다. 이렇듯 수행자의 마음가짐에 따라 계율 덕분에 자유로울 수도 있고 계율 때문에 불편할 수도 있는 판이한 결과가 나오게 된다.

〈사분율장〉의 '비니중일' 부분을 보면 삼장을 결집하게 된 인연을 다음과 같이 설명하고 있다. 가섭존자가 부처님의 열반소식을 듣고 뒤늦게 쿠시나가라에 도착해서 장례를 모시는 과정에서 삼처전심(三處傳心) 가운데 '사라쌍수곽시쌍부'에 해당하는 일이 이루어진다.

즉 부처님의 장례를 전륜성왕의 장례법으로 치르라는 유언에 따라 7중으로 관을 만들어 모신 가운데 가섭존자가 예를 갖추자 관 속에서 부처님의 발이 밖으로 나온 것이다. 이렇게 장례를 치르는데 한 비구가 듣기 민망하게도 '이제 우리는 자유다. 이제 이러이러한 일은 하지 말라고 잔소리하던 잔소리꾼은 사라졌다. 이제 우리는 자유롭게 살아도 된다'고 하며 대중을 선동하는 것을 보고 한시라도 빨리 삼장을 결집해야 한다는 생각을 하게 되었고, 그 결과 부처님께서 열반하신 해의 하안거가 끝나고 칠엽굴에서 제1차 결집이 이루어지게 된다.

이처럼 부처님을 잔소리꾼으로 생각한 비구는 부처님 때문에 자유롭게 살지 못했으나 계율을 통해 자비를 느끼고 깨달음을 성취한 가섭존자는 계율 덕분에 어려움 없이 공부할 수 있었다고 볼 수 있다. 또한 자유롭게 살아도 된다고 선동하는 스님 덕분에 삼장이 결집되게 되었으니 매사를 어떤 마음으로 맞이하느냐는 그 중요성이 매우 크다고 할 수 있다.

매해 2년 과정의 율학승가대학원을 졸업하는 학인 스님에게 소감을 물어보면 그동안 계율에 대하여 오해를 했었는데 그 오해를 풀 수 있었던 소중한 시간이었다는 이야기를 가장 많이 듣게 된다. 또한 전문과정을 마치고 3년의 연구과정을 마치는 스님들은 계율이 이렇게 재미있는 줄 미처 몰랐다는 이야기도 자주 한다. 아마도 이런 경우는 '덕분에'라는 느낌을 갖고 있지 않을까 생각한다.

율장을 정미롭게 공부해 본 경험이 없는 경우에는 우선 비구 250계목과 비구니 348계목의 하지 말라는 많은 조항에 질리게 된다.

스스로의 한계를 극복하고 마음을 고요히 가지며 지혜로운 안목으로 세상을 보는데 계율을 활용해 본 경험이 없는 수행자는 계율을 자유롭게 살 수 없도록 하는 불편한 존재로 느낄 수밖에 없을 것이다. 그러나 계율의 그 어디에도 누군가를 속박하고 자유롭지 못하도록 마련된 계목은 없다.

좀 더 수행에 전념하게 하기 위하여, 성취한 깨달음을 전해줄 수 있는 좋은 여건을 마련해 주기 위하여, 승가를 비난하고 승가에 등 돌리며 떠나가는 인연을 줄이기 위하여 세심하게 고민한 흔적이 바로 율장이다. 그렇기 때문에 율장을 공부하는 대부분의 스님들은 그 가운데서 부처님의 무한한 자비를 느꼈을 것이다.

우리 조계종 승가도 부처님께서 제정하신 계율 덕분에 무량한 숫자의 선지식이 배출되고 감동으로 귀의하는 신심 있는 불자들이 많이 늘어났으면 한다. 그렇게 되려면 승가에서는 계율교육을 선택이 아닌 필수로, 부처님께서 권하신 만큼 이루어질 수 있어야 하고, 재가불자의 경우는 불교대학 등을 통해서 재가계율 공부가 알차게 이루어져야 한다.

조계종 승가의 경우 소의율장인 〈사분율장〉을 꼼꼼히 살펴 본 스님들이 전체의 10% 미만이다. 이러한 현실을 바꾸어 부처님께서 권하신 정도의 계율교육이 이루어진다면 계율 덕분에 수행을 잘 할 수 있었다고 이야기하는 승가구성원이 더욱 늘어날 것이다.

승가바시사와
출죄出罪

율장 바라제목차에는 오편칠취의 해탈목차에 관한 상세한 내용이 설명되어 있다. 바라이·승잔·바일제·바라제제사니·백중학 등에 대한 것으로 이 가운데 승잔죄에 대해서 자세히 살펴보면 부처님의 계율정신을 이해하는 데 많은 도움이 될 것이다.

승가바시사의 승가는 승(僧)에 해당되며 바시사는 잔(殘)이라는 뜻으로 다시 말해 스님으로서의 목숨만 남겨두고 모든 권한은 중지된다는 의미라고 할 수 있다.

승잔죄를 범한 경우에 참회하고 출죄갈마를 통해 청정승가에 다시 합류하는 과정으로 참회 및 출죄의식이 이루어져 있다.

승가바시사는 비구 스님의 경우 13가지의 계목으로, 비구니 스님은 17가지의 계목으로 이루어져 있는데 이러한 계목에 해당되는 범계가 이루어졌을 경우에 바로 발로참회를 하면 6야(7일)에 걸친 마나타를 행하고 20인 이상의 청정대중이 모여서 참회에 관한 출죄갈마를 함으로써 승잔죄에 관한 참회가 원만히 성취된 것으로 인정된다.

그러나 승잔죄를 범하고 바로 참회하지 않았으며 범계사실을 감추고 지낸 경우에 이를 부장(覆藏)이라 하고, 범계사실에 대해 스스로 드러내거나 누군가의 제보로 밝혀지게 되면 감추고 지낸 기간만큼 대중과 떨어진 곳에서 별주(別住)를 하고 참회해야 하는데 이를 파리파사라 한다. 이는 범계사실을 감추고 지낸 일을 그 어떤 경우보다 부정적인 사안으로 본 것임을 알 수 있으며, 감추지 않고 바로 발로참회를 하는 일은 수행자의 계체를 유지하는 데 중요한 요건이 되는 것이라 볼 수 있다.

파리파사가 끝나면 다시 마나타를 행하고 마나타가 원만히 이루어졌다고 대중이 인정해야 출죄갈마가 가능해진다. 파리파사나 마나타를 행하는 과정에서 다시 승잔죄를 범하게 되면 본일치라 해서 처음부터 다시 참회를 해야 한다.

한편 비구니 스님의 경우에는 먼저 비구니 스님의 현전승가에서 여법하게 참회를 하고 20인 이상의 청정승가가 모여서 출죄갈마를 한 뒤 이러한 사실을 비구승가에 보고를 하고 비구승가에서 다시 20인 이상의 청정비구스님들이 모여서 출죄갈마가 이루어져야 승잔죄의 참회가 원만히 이루어지게 된다. 이처럼 참회의 절차도 복잡하지만 20인 이상의 청정승가가 출죄갈마를 할 수 있는 조건도 쉬운 일이 아니다.

2004년에 대만 율종사찰 중 하나인 남보타사에 주석하고 계셨던 도해장로를 한국에 모시고 계율법회를 봉행하는 문제를 상의하기 위해 남보타사를 방문했던 적이 있다. 법당에서 참배를 마치고 나오려고 하는데 지객스님이 잠시 기다려달라는 청을 하기에 그 자리에 머물러 있으니 한 스님이 세상 근심을 혼자 하는 듯 일그러진 모습으로 불단에 절을 하고 객스님에게 자기가 범한 승잔죄의 계목과 참회를 하는 사연을 이야기했다.

율장에서는 보았으나 한국불교에서는 이러한 참회와 갈마가 이루어지고 있는 곳이 흔하지 않았기에 이렇듯 여법하게 마나타를 행하고 승잔죄에 대한 참회와 출죄갈마가 이루어지고 있는 모습을 보면서 대만불교의 저력이 여기에서 나온다는 생각을 하게 되었다.

수계나 지계도 중요하지만 지계에 문제가 발생했을 경우에 빨리 대중을 청정하게 만들어 주는 참회시스템은 더욱 중요하다. 자정시스템이 이루어지지 않으면 수계는 통과의례 정도로 여기며 잘 지키지 않아도 되는 것으로 생각하는 계율경시풍조가 만연할 수밖에 없다. 더 나아가 이러한 교단 내의 분위기는 승가의 도덕성과 청정성에 관한 회의적인 시각이 보편화 될 수밖에 없으며 존립기반마저 흔들리게 될 것이다.

청정성을 바탕으로 처절한 수행과 실천이 함께 할 때 한국불교는 흔들림 없는 토대 위에서 신뢰와 감동이 충만하고 이러한 여건에서 그 역할을 다할 수 있을 것이다.

하루빨리 부처님께서 권장하셨던 모습으로 교단의 운영이 가능해지고 이러한 모습이 세상의 희망으로 그 역할을 다할 수 있게 되었으면 한다.

수계와 지계
그리고 계체 戒體

계율에 관한 세미나가 곳곳에서 봉행되어 그 모임에 참석하는 인연을 적지 않게 맺은 것이 대단히 기쁘고 다행스런 일이라는 생각이 든다.

특히 지난 13일에 율장연구회가 주관하여 봉행된 세미나에서는 행사장의 통로까지 가득히 메운 스님들이 가사와 장삼을 수하고 4시간 30분 동안 함께 토론하는 모습을 보면서 한국불교의 새로운 희망을 볼 수 있었다.

수계는 부처님의 제자가 되는 출발점이다. 아무리 오랫동안 경전을 공부하며 수행을 했다고 해도 삼귀의계와 오계를 받지 않으면 불자라고 할 수 없다. 여법한 수계를 하고 이 수계를 통해 계체가 원만히 이루어질 때 계품에 맞는 신분이 만들어지게 되며, 지계는 그 신분을 유지하는 방법이 된다. 그러므로 수계만 하고 지계가 이루어지지 않는다면 파계자가 되어 수계로 만들어진 계체를 계속 유지할 수 없게 된다.

부처님께서 제정하신 수계법은 출가자의 경우 삼귀오계·사미(니)계·구족계·보살계 등이 있고 재가자의 경우는 삼귀오계·팔관재계·십선계·보살계 등이 있다. 이러한 다양한 방법의 수계를 통해서 성취하고자 하는 목표와 이를 원만히 지켜낸 인연을 통해 이루어진 공덕도 그 차이가 적지 않다.

삼귀의계와 오계를 받으면 인간이나 천상에 태어나고, 구족계를 받으면 번뇌를 다해 열반을 성취하며 보살계를 받으면 보살신을 증득해서 부처를 이룬다고 한다. 또한 계를 지켜야 하는 기간을 살펴보면 삼귀오계·사미(니)계·구족계는 이 몸의 수명이 다할 때까지 지켜야 지계가 이루어지고 그 지계의 공덕이 원만해진다.

보살계의 경우는 발심해서 성불할 때까지 받아 지녀야 하는 계이며 팔관재계는 하루만 지켜도 지계가 이루어지고 그 공덕이 원만히 이루어져서 긍정적인 변화가 만들어진다.

〈우바새계경〉에서는 지계로 인해서 변화하는 긍정적인 모습을 '축생에게 보시하면 보시한 양의 백 배의 공덕이 있고 파계자에게 보시하면 천 배의 공덕이 있으며 지계자에게 보시하면 만 배의 공덕이 있고 수다원·사다함·아나함·아라한에게 보시하면 십만 배의 공덕이 있고 보살과 부처님께 보시하면 무량한 공덕이 있다'라고 하면서 지계의 공덕을 강조하셨다.

즉 파계자는 수계의 인연을 갖지 못한 사람과 수계를 하고 잘 지켜내지 못한 사람을 함께 분류할 수 있는데, 천 배의 공덕으로 회향할 능력을 파계자가 갖고 있는데 지계자는 만 배의 공덕으로 회향할 능력을 갖게 된다면 이 얼마나 큰 변화인가? 그러므로 수계와 지계는 우리의 능력을 극대화 시킬 수 있는 좋은 방법이라 할 수 있다.

〈수삼귀오계대패신주경〉이라는 경전에서는 '삼귀의계를 받으면 계목 하나마다 12명의 지계신장이 옹호해주고 오계를 받으면 계목 하나마다 5명의 지계신장이 옹호해서 수계자가 수행에 어려움이 없도록 지켜주는 역할을 한다'고 설명되어 있다. 한 번의 수계를 통해서 삼귀의계에 36명과 오계에 25명의 지계신장이 늘 따라다니며 어려움을 지켜주고 수행을 잘 할 수 있도록 도와준다면 이 얼마나 큰 변화이고 소중한 인연인가! 계를 잘 지킴으로써 가능해지는 이러한 인연이 떠나지 않도록 하는 일이 대단히 소중하다는 생각을 하게 된다.

　이러한 신분의 변화, 능력의 변화는 모두 수계와 지계를 통해 가능해진다. 이때 수계는 계체가 원만히 이루어지는 여법한 수계이어야 하고, 지계는 성계(性戒)를 범해서 계체가 훼손되는 것을 막아내는 것이 중요하다. 성계는 범하면 수계를 통해 만들어진 계체가 깨어지게 하는 그 죄가 무거운 계인데 이를 중계(重戒)라고도 한다.

　오계 중에는 살(殺)·도(盜)·음(淫)·망(妄)의 네 가지 계목이 해당되며 구족계는 바라이죄가 성계에 해당되고 보살계는 〈범망경〉의 경우 10중대계가 성계에 해당된다. 또 성계보다는 가벼운 벌칙과 참회조건의 계가 있는데 이를 경구계(輕垢戒) 또는 차계(遮戒)라고 한다. 즉 성계를 범하는 일을 막아주는 울타리 같은 역할을 하는 계라는 뜻이다.

　우리 교단은 수계·지계·계체에 대한 이해의 부족으로 계를 지키는 일은 율사 스님들이나 하고 수계는 통과의례 정도로만 생각하는 경우가 많다. 그러나 지계는 구성원 모두가 반드시 지켜야 하는 의무이며 이러한 의무를 성실히 이행할 때 앞서 언급한 것처럼 보다 많은 긍정적인 변화가 이루어질 것이다.

여법하고 청정한 한 사람의 비구가
무량한 아라한보다 수승하다고 강조하신
부처님의 말씀처럼
청정성의 유지는 참으로 중요하기 때문이다.

범계犯戒와 벌칙

승보(僧寶)로서 갖추어야 할 자격기준 가운데 첫째는 구족계를 받아야 하고 계체가 훼손되지 않도록 잘 지켜야 한다. 이때 받아야 하는 구족계의 계목이 비구의 경우 250가지의 계목이 있고, 비구니의 경우 348가지의 계목이 있다. 이는 한국불교에서 소의율장으로 존중하는 〈사분율장〉을 근거로 한 것이다.

북전(北傳) 오부율장과 남전율장의 계목이 숫자에서 조금의 차이가 있는데, 이는 기후나 풍토가 다름으로 발생되는 수행여건의 차이에서 온 것으로 볼 수 있다.

비구 스님이 받아야 하는 250가지 계목은 바라이·승가바시사·이부정·니살기바일제·바일제·바라제제사니·백중학 등으로 구성되어 있다. 이 가운데 바라이는 4가지의 계목이 있는데 이 계목을 범할 경우에 수계를 하면서 만들어진 계체가 깨어져 버리므로 비구의 신분도 사라지게 된다. 그러므로 정확히 일치한다고 보기는 어렵지만 사회법과 비교해서 살펴보면 바라이죄는 사형에 해당된다고 볼 수 있다. 이는 그 범계로 인해서 비구의 생명이 끝나기 때문이다.

이처럼 계체가 소멸되어 버리는 계를 성계(性戒)라고 한다. 나머지 246가지의 계목은 차계(遮戒)라고 하는데 성계를 범해서 계체가 훼손되는 것을 막아주는 울타리와 같은 역할을 하기 때문이다.

바라이 다음으로 그 벌칙이 엄하고 무거운 것이 '승가바시사'이다. 이를 승잔(僧殘)이라 하기도 하는데 비구승으로서의 목숨만 남아 있고 그 밖의 모든 권한이 정지되어 있는 상황이기 때문에 스님의 목숨만이 남아 있다는 의미이다.

승잔은 총 13가지의 계목이 있으며 복잡한 절차를 거쳐서 참회를 하고 참회에 대한 20인 이상의 승가에서 출죄갈마를 해주면 다시 박탈당했던 모든 권한을 회복하게 된다. 출죄갈마를 할 수 있는 여건이 쉽게 마련되지 않는 경우에 무기한이 될 수도 있기 때문에 사회법의 무기징역에 해당하는 경우로 볼 수 있다.

그 다음으로 엄한 벌칙조항이 니살기바일제와 바일제 부분이다. 이를 한문으로는 '타(墮)'라고 하는데 참회하지 않으면 지옥에 떨어진다는 뜻이다. 이 가운데 니살기바일제는 '사타(捨墮)'라고 하고 바일제는 '단타(單墮)'라고 한다. 사타는 30가지 계목으로 이루어져 있는데, 부정하게 취한 소득물을 대중에 내놓으면서 참회를 하고 대중이 이 참회를 받아주면 참회가 이루어진다. 이때 내놓은 물건이 옷이나 기타생활용품일 경우 참회를 한 사람에게 바로 돌려주게 되는데 발우나 돈, 귀금속일 경우는 그 처리과정이 차이가 있다.

발우는 대중이 내놓으면 현전승가 가운데 가장 좌차가 높은 스님부터 스스로 쓰고 있던 헌 발우를 내놓고 대중에 내놓은 새 발우를 사용할 권한이 주어진다. 이렇게 해서 좌차가 가장 낮은 스님의 선택이 끝나면 계를 범한 스님은 가장 낮은 좌차의 스님이 내놓은 발우를 사용해야 한다.

돈이나 귀금속은 또 다르게 처리하는데 비구가 돈을 소지해서 문제가 될 경우에는 정해진 장소에 버리게 하고 이를 정인이 가지고 가서 대중이 필요로 하는 물건과 바꾸어 오면 대중이 나누어 쓰게 되며 계를 범한 당사자는 사용할 권한이 없다.(이 부분도 율장마다 조금씩 차이가 있다)

단타는 90가지의 계목으로 이루어져 있는데 3인 이상의 대중에게 참회하면 참회가 이루어지고 청정성을 회복하게 되며, 바라제제사니와 백중학의 경우에는 한 사람에게만 참회해도 참회가 이루어진다.

이처럼 부처님께서 제정하신 계목과 그 범계에 대한 참회가 참으로 합리적으로 이루어져 있음을 알 수 있다. 바라이와 승잔은 엄한 벌칙과 복잡한 참회과정을 두고 있으나 나머지의 경우에는 참회하는 방법이나 참회조건이 어렵지 않으며, 스스로 범한 것을 자각한 즉시 기준에 맞게 참회하면 범계에 대한 참회가 이루어지고 청정비구로서의 자격을 유지할 수 있다.

특히 범계사항에 대하여 감추고 지내는 일을 부장(覆藏)이라고 하는데 부장하지 않고 바로 발로참회를 하는 일은 대단히 중요하다.

한국불교의 대표종단인 조계종도들도 계율공부를 할 수 있는 충분한 기회가 주어지고, 이를 바탕으로 범계조건을 분명히 알아서 여법한 참회를 함으로써 늘 청정성을 잃지 않는 비구·비구니의 모습을 유지할 수 있었으면 하는 바람이다.

여법하고 청정한 한 사람의 비구가 무량한 아라한보다 수승하다고 강조하신 부처님의 말씀처럼 청정성의 유지는 참으로 중요하기 때문이다.

정법淨法,
원칙은 지키되 편리를 도모하다

율장에는 정(淨)자가 들어 있는 단어들이 많다. 정시(淨施)·정법(淨法)·정지(淨地)·정주(淨廚)·정인(淨人)·정어(淨語) 등의 많은 단어들이 떠오른다. 이들 단어들은 원칙을 지키면서도 생활의 불편은 최소화하기 위해 마련해주신 부처님의 자비와 계율정신을 흠뻑 느끼게 하는 단어들이다. 이러한 세밀한 배려와 융통성이 있었기에 2,600을 유지해 오면서 지역적인 한계를 극복하고 세계적인 종교가 될 수 있었다고 생각한다.

먼저 정시(淨施)는 필요 이상의 옷과 발우를 소유하게 될 경우에 대중에게 내놓고 참회하면 대중이 그 소유를 정해 주는 것이다. 옷의 경우는 소유자에게 돌려주지만 금전의 경우에는 지정된 공간에 버리게 되면 정인(淨人)이 필요한 물건으로 바꾸어 현전승가의 대중들이 나누어 쓰도록 했는데 금이나 돈을 소유했던 사람은 분배에서 제외되는 특징이 있다. 이러한 내용은 니살기바일제 부분에서 많은 사례들을 볼 수 있다.

정법(淨法)은 먹는 문제와 관련된 내용이 주가 되는데 과일이나 채소 등을 먹거나 음식을 만들 때 비구가 자비심이 없다고 비난하는 인연으로 시행되었으며 화정·조마탁정 등의 방법이 있다. 이는 승가에 채소 등의 공양물이 오거나 자체적으로 수확해서 식재료로 사용할 경우에 하게 되는 의식인데, 소임자를 뽑아 불로 그을려서 익힌 과일이나 채소를 만드는 화정이나 뾰족한 물건을 가지고 상처를 내어 직접 대중이 생과일 등을 먹지 않게 하는 제도이다.

정지(淨地)·정주(淨廚)는 음식물을 보관하고 조리하는 장소에 관한 내용으로, 정지는 결계 안에 장기간 음식재료를 보관하지 못하도록 한 원칙을 지키면서도 안정적으로 음식재료를 확보하기 위하여 소계를 결계해서 대계 밖의 지역으로 만들어 시행한 제도이다.

정주는 음식물을 조리하는 공간이고 수계장의 경우도 대계 안의 모든 현전승가가 수계산림에 참여해야 하는 불편을 해소하기 위하여 마련된 제도인데, 수계에 직접 참여해야 하는 최소한의 인원만 참여할 수 있도록 함으로써 승가공동체 운영에 많은 편리를 가져다준 제도라 할 수 있다.

정어(淨語)의 경우는 굴지계 등에서 그 내용을 확인할 수 있는데 비구가 정인에게 이곳을 파라고 분명히 시키면 바일제를 범하는 경우가 되지만, 이곳을 알아서 하라고 하면 불범이 되는 등의 일이다.

위에서 언급한 몇 가지 사례들을 통해서 원칙을 훼손하지 않으면서도 생활의 불편은 최소화하는 다양한 경우를 확인할 수 있다. 실제 이러한 내용들을 늘 실천하고 있는 계율전문도량을 보면서 크게 부러운 생각을 했는데 대만 중부지방 포리라는 지역에 있는 정각정사의 경우에 이러한 갈마를 하면서 생활하고 있고 구체적인 갈마법을 부탁하면 설명하며 보여주기도 한다.

한국불교의 경우 현실에 어울리지 않는 내용의 계율은 맞게 고쳐야 한다는 주장을 하는 스님들이 적지 않으나 부처님께서는 한 글자도 임의로 고치지 말 것을 간곡히 당부하셨고, 실제 불편함을 해소할 수 있는 다양한 방안을 마련해 놓으셨다. 이러한 내용들을 살펴보면 부처님의 자비를 절절히 느낄 수 있고 시간적으로 무량한 세월이 지난다 해도 불편하지 않으며 공간적으로 지구촌이 아닌 우주공간 안에서도 문제될 것이 없다고 생각한다.

　현재 한국불교의 대표종단인 조계종에서는 승가의 청정성이나 그 역할에 대한 우려의 목소리가 적지 않다. 그러나 심도 있게 율장을 공부하고 이를 활용하는 인연을 갖게 된다면 이러한 우려는 크게 줄어들 수 있을 것이다. 적어도 조계종 승가의 구성원인 비구·비구니가 체계적으로 율장을 공부할 수 있는 기회를 모두 갖게 된다면 지금과는 많이 다른 여법승가의 모습이 가능할 것이다.

　부처님께서는 구족계를 받고 5년 동안은 계율을 정미롭게 공부할 것을 권장하셨으나 현재 우리는 기본교육과정에서 개론적인 수업 외에 9일간에 걸쳐서 구족계 수계산림기간 중에 계율강의를 듣는 것이 계율공부의 전부인 경우가 구족계를 수지한 인원의 90% 이상이라는 점을 심각하게 고민해 보아야 한다.

　정확한 내용을 모르고서는 실천이 가능하지 않다는 것은 누구나 알고 있다. 알면서도 시급하게 보완해야 할 내용에 대해 눈 감고 귀 막고 있지는 않은지 모두가 생각해 보았으면 한다.

적어도 조계종 승가의 구성원인 비구·비구니가 체계적으로 율장을 공부할 수 있는 기회를 모두 갖게 된다면 지금과는 많이 다른 여법승가의 모습이 가능할 것이다.

출·재가의 갈등해소법

무덥고 습도가 높은 장마철이다. 이러한 기후조건이 되면 절제력이 떨어져서 평소 같으면 아무런 문제가 되지 않았던 부분도 큰 문제로 비화되어 언성이 높아지고 불편한 관계가 만들어지기도 한다. 이는 주변여건에 크게 영향을 받을 때 발생하게 되는 상황으로 스스로의 마음작용을 잘 관찰하면 미연에 방지할 수 있는 부분이기도 하다.

가끔 회의가 있어서 조계사 부근을 지나다 보면 1인 시위나 다수의 인원이 모여서 억울함을 호소하는 경우를 보게 된다. 나름대로의 이유가 있겠지만 흐뭇한 모습이라고 보긴 어려울 것이다. 이러한 상황을 만들기 전에 미리 조율할 수 있는 방법은 없을까?

〈사분율장〉을 비롯한 여러 율장에는 재미 있는 두 가지의 갈마를 볼 수 있다. 첫째는 차부지백의가갈마(遮不至白衣家羯磨)이고 둘째는 복발갈마(覆鉢羯磨)이다. 차부지백의가갈마는 스님과 재가자와의 관계에서 스님에게 문제가 있을 경우에 그 관계를 풀고 원래대로 복원하기 위하여 하는 갈마이고, 복발갈마는 재가인에게 문제가 있어서 발생하는 대립과 갈등을 푸는 방법이다.

차부지백의가갈마는 부처님께서 사위성에 계실 때에 질다거사라는 신심 있는 거사가 사리불과 목련존자를 초청해서 공양을 올리게 되었는데 평소보다 더 좋은 음식을 준비하는 것을 보고 이전부터 자주 공양을 받아 왔던 선법(善法)비구가 시기하는 마음이 나서 '최상의 음식을 갖추었는데 오직 깨죽이 없습니다'라고 시비하자 질다거사는 까마귀와 닭이 병아리를 낳았는데 울지도 못하는 오계(烏鷄)라는 닭이 되었다는 비유를 들어 선법비구를 비난했다. 이 문제를 풀어주기 위해서 한 갈마가 차부지백의가갈마이다.

먼저 선법비구에게 백의의 집에 가지 못하게 하는 갈마를 하고 나서 당사자인 백의에게 갈마사실을 알리고 서로 화해하기를 권하는 소임자를 뽑아서 백의에게 보내는데, 갈마를 당한 비구와 소임자가 함께 가되, 눈에는 보이나 귀로는 들리지 않는 곳에 갈마를 받은 비구를 대기하게 하고 갈마사실을 백의에게 알려 백의가 흔연히 받아들이면 갈마 받은 비구를 불러 화해시키는 방법이다. 이 갈마를 원만히 풀어나가는 소임자를 뽑는 과정에서 8가지 조건을 갖춘 소임자를 뽑게 되는데 다음과 같다.

① 아는 것이 많아야 하고 ② 법대로 말할 수 있어야 하고 ③ 말한 내용에 대해 잘 이해해야 하고 ④ 다른 사람의 뜻을 잘 이해해야 하고 ⑤ 사람들의 말을 잘 받아들여야 하고 ⑥ 내용을 잘 기억해야 하고 ⑦ 빠트리는 것이 없어야 하고 ⑧ 선과 악을 잘 이해하고 말할 수 있어야 한다.

이러한 조건을 갖춘 사람이 중간에서 역할을 하여 관계를 풀어 나가는 방법이 바로 차부지백의가갈마이다.

복발갈마는 승가에서 재가에게 할 수 있는 유일한 갈마이다. 두 가지 경우가 있는데 백의가 승가에 대해서 욕을 하거나 비난할 경우와 지나치게 공양을 올려 생활에 어려움이 생긴 경우이다.

첫째의 경우는 승가를 욕하고 비방한 사람에게 복발갈마를 하고 그 내용을 알리면 백의가 승단에 와서 참회함으로써 해갈마를 하여 다시 출입해도 좋은 상태로 만드는 방법이다. 이 경우는 깨달음을 사회를 위해 잘 회향하는 인연으로 인해 사회적으로 승가를 존중하고 공경하는 토대가 있을 때 가능한 방법이다. 승가에서 문제 있는 재가인에게 복발갈마를 하면 사회적으로 무시당하거나 따돌림을 당하는 상황이 발생하기 때문에 대부분의 백의들이 바로 승단을 찾아와 참회하고 해갈마를 구했는데, 현재 우리 승단이 이러한 상황이 발생하여 복발갈마를 했을 때 사회적으로 어떤 반응을 보일지 고민해 보아야 할 부분이다.

둘째는 신심으로 지나치게 스님들에게 공양을 올려서 정상적인 가정생활이 어려울 때 다시 경제력을 회복할 때까지 탁발을 가지 않도록 한 방법이다.

여법해지려는 노력을 하고 바람직한 승가공동체를 만들기 위한 노력을 계속함에도 불구하고 승단을 부정적으로 보는 따가운 시선이 적지 않는 것이 우리의 현실인 것 같다. 이러한 상황에서 차부지가갈마나 복발갈마와 같이 승단과 사회와의 관계를 보다 원만하게 하고 긍정적인 관계를 정립할 수 있는 제도에 대한 연구와 활용이 절실히 필요하다고 생각한다.

스님들이 받아 지켜야 하는 바라제목차의 70% 이상이 사회적 요구에 의해서 제정되었음은 그 의미가 크다고 본다. 승단을 외호하고 수행과 교화를 원만히 할 수 있도록 후원하는 재가와의 관계에 대해 깊은 고민이 필요한 시대가 아닐까 생각한다.

여초부지 如草覆地 갈마, 감정을 조절해 화합하는 법

대한민국 헌정사상 처음으로 대통령 탄핵에 대한 헌법재판소의 인용판결이 내려졌다. 대통령은 5년 임기 중에 1년여 기간을 남기고 파면을 당하게 되었으며, 탄핵을 반대하던 집회참가자들의 과격시위로 인해 3명이 사망하고 다수의 부상자가 발생하는 안타까운 사건까지 발생하게 되었다.

〈율장〉의 바라제목차 마지막 부분에는 7멸쟁법이라는 내용이 있다. 승가의 분쟁해결방법으로서 현전비니(現前毘尼), 불치비니(不痴毘尼), 자언치(自言治), 다인멱죄(多人覓罪), 멱죄상(覓罪相), 여초부지(如草覆地)가 있는데 마지막 여초부지는 포초비니(布草毘尼)라고도 한다.

승가 내에서 사소한 일을 계기로 두 사람이 다투게 되었는데 처음에는 사소한 사건이었으나 두 사람의 문제로 그치지 않고 점점 이에 동조하는 세력이 커지면서 상황이 악화되어 승가가 분열되는 소용돌이에 빠지게 된다. 이처럼 확대된 극한 상황에서 해결책이 없을 때 활용할 수 있는 방법이 바로 여초부지갈마이다.

구체적인 방법을 보면 승가의 장로들이 나서서 적극적으로 조정을 시도하여 양쪽으로 나누어져 대립하는 비구들이 겸허히 받아들여 화해하도록 만든다.

즉 다툼으로 인한 양측의 견해에 대하여 어느 한 쪽이 옳다고 판단하여 반대편에 죄를 묻는 방식이 아니라 양측 모두가 잘못이 있으니 서로 사과하고 화해하여 그간에 진행된 대립의 과정에서 드러났던 여러 가지 죄상을 서로의 참회를 통해 덮는 방식이다.

〈십송율〉 제20권에는 '우리들은 바르게 신심을 내었기에 부처님 법에 의지해 출가하여 도를 구했습니다. 지금까지 다투기를 좋아하여 서로 언쟁을 하였으나 만약 우리들이 이 사건의 원인을 물어 서로에게 자꾸만 추궁을 한다면 대중에는 아직 일어나지 않은 일도 일어나게 될 것이며, 이미 일어난 일도 또한 없앨 수가 없을 것입니다.

지금 우리들은 서로의 뜻을 마땅히 굽힙니다. 우리가 저지른 죄에서 투란차죄(미수죄)를 없애시고 속인에 상응하는 죄를 없애 주소서'라고 말하면 여초부지갈마가 성립된다고 설명하고 있다.

풀로 땅을 덮듯이 서로의 허물을 덮고 그간의 모든 허물을 참회하며 용서를 구함으로써 승가화합을 이루어내게 된다. 이는 승가의 기능이 마비될 정도의 극한 상황에서 활용되는 방법이다.

한국사회도 헌법재판소에서 재판관의 만장일치로 탄핵인용을 선고함으로써 큰 산 하나를 넘게 되었다. 그러나 헌재의 결과에 실망한 과격행동에 대해서는 우려를 하지 않을 수 없다. 법의 테두리 안에서 스스로의 의견을 주장하고 동의를 구하는 일은 민주사회에서 다양성을 확보하고 보다 긍정적인 공동체를 만드는 데 필요한 역할이라 할 수 있다. 서로의 주장을 들어주고 그 주장의 장·단점을 토론하여 스스로의 주장이 갖고 있는 문제점을 보완할 수 있는 것이 민주주의 제도의 장점이다.

현재 우리사회의 혼란스러운 상황을 극복하는 방법은 최고의 민주주의 시스템인 승가공동체의 분쟁해결법인 칠멸쟁법 가운데 여초부지갈마를 활용하는 것이 바람직하다고 생각한다. 우리 모두 승리자가 되고 위기를 기회로 활용하기 위해서는 대립과 갈등을 화쟁으로 풀어 나가는 일이 바람직하다.

 '우리들은 대한민국의 국민임이 자랑스럽고, 후손들이 자긍심과 감동으로 물려받아야 할 대한민국의 주인이기에 이제 흥분과 분노를 가라앉히고 국가의 앞날을 냉정하게 고민합니다. 그래야만 위기는 기회가 되고 모두가 하나임을 느낄 수 있게 될 것이기 때문입니다'라는 마음으로 화해의 풀을 이 땅위에 덮었으면 한다.

풀로 땅을 덮듯이 서로의 허물을 덮고
그간의 모든 허물을 참회하며
용서를 구함으로써
승가화합을 이루어내게 된다.

스님들의
인연관리법

출세간의 깨달음과 교화를 중요시하는 불교교단에서도 적지 않은 시비와 분쟁이 발생하는데 이러한 시비분쟁이 쉽게 조정되지 않고 극단적으로 표출되면서 세간인에게 실망감을 주는 경우도 적지 않다. 율장에서 이익과 관련된 시비를 해소하는 방법을 보면 좋은 참고자료가 될 수 있을 것 같다는 생각이 든다.

〈사분율장〉 바라제목차(30니살기바일제) 가운데 열 번째 계목은 '기한 지나서 갑작스레 옷을 찾지 말라'이다. 이 계목에서는 임금이나 벼슬아치나 바라문이나 거사의 아내가 심부름하는 사람을 시켜 옷값을 보낼 적에 이를 어떻게 관리해야 하는가에 관한 처리방법이 상세하게 언급되어 있다. 완성된 옷을 공양 올리지 않고 돈으로 공양을 올릴 때, 부처님 당시에는 스님들이 돈과 보물을 몸에 지니지 못하게 했기 때문에 문제가 발생하게 된다. 이러한 상황이 되었을 때 '내가 이것을 받을 수 없으니 받을 수 있게 된 때에 받겠다'라고 대답하면, 공양을 올린 사람은 '절일을 맡아보는 이가 없습니까?'라고 물어서 절일을 맡아보는 정인(淨人)에게 가서 옷값을 주고 스님에게 다시 와서 '스님, 누구에게 옷값을 맡겼으니 필요할 때에 가서 찾으십시오'라고 알리는 것으로 옷보시를 하게 된다.

이렇게 옷보시를 받을 인연이 마련되었을 경우에 옷을 찾고자 하면 세 번까지는 옷값을 가진 이에게 가서 '옷을 찾아야겠으니 생각하고 준비해 주시오'라고 말하고, 그렇게 해도 옷을 만들어 주지 않으면 다시 여섯 번까지는 그 사람에게 가서 잠잠하게 서서 옷값을 받은 사람이 생각이 나도록 하여 옷을 찾으면 다행이지만 옷을 찾지 못했다가 그 후에 옷을 찾으면 니살기바일제죄가 성립되게 된다.

만약 여섯 차례까지 가서 옷을 찾지 못했을 경우에 옷값을 보시한 이에게 스스로 가거나 사람을 보내 '당신이 지난번에 아무 비구에게 옷값을 보냈지만 그 비구가 끝내 그 옷을 찾지 못하였으니, 당신이 그 옷값을 찾고 잃어버리지 마시오'라고 해야 한다고 계상(戒相)부분에 설명되어 있다.

당시에 옷감은 대단히 귀한 물건이었고 이러한 정황에 대해서는 의건도(衣犍度)부분에서 다양한 사례들을 확인할 수 있다.

돈을 직접 만질 수 없는 제도 때문에 정인을 시켜서 일을 진행하다가 문제가 발생했을 경우에 세 번까지는 찾아가서 말을 하여 찾을 수 있도록 하고 그 후 여섯 번까지는 말을 하지 말고 '저 스님이 왜 자주 왔다가시지?' 하고 생각할 수 있도록 하는 방법이 권장되었는데, 이 경우 세 번까지는 참을 수 있지만 여섯 번까지 찾아갔는데도 원하는 일이 이루어지지 않으면 화가 나고 서운한 마음이 생겨서 싸움을 할 수 있는 확률이 높아지므로 이런 극한 상황을 막기 위해서 말을 하지 못하게 하신 것으로 보인다.

이 정도의 상황이면 좋은 마음으로 옷을 준비해 주는 일이 불가능하므로 바로 단념하는 일이 바람직하기 때문에 옷값을 보시한 사람에게 알려서 옷값을 찾아가게 하고 분쟁이 발생할 수 있는 상황을 마무리하게 한 것으로 볼 수 있다.

이 계목에서는 옷값을 예로 들었지만 그 외에도 돈이나 필요로 하는 각종 물건을 빌려 주었는데 자신이 필요로 할 때 받지 못해서 발생되는 각종 문제들이 적지 않다. 가능하면 이러한 문제가 일어나지 않도록 처신하는 것이 중요하지만 불가피하게 문제가 발생했을 경우에 사회법을 통해서 이러한 문제를 해결하는 상황까지는 가지 말았으면 한다.

  스님들 간의 금전거래나 스님과 불자들 간의 금전거래가 자칫 서로에 대한 신뢰를 떨어뜨리고 이로 인해 불법을 비난하는 상황으로 발전되지 않도록 하는 일이 중요하다.
  이러한 사례가 발생되지 않도록 하기 위해서 승가구성원 개개인은 소욕지족(少欲知足)하는 마음으로 살아가고, 승가공동체는 삶에 대한 불안한 마음이 들지 않도록 하는 시스템을 갖추는 일이 중요한데, 이러한 방법에 관한 모범답안은 율장을 통해서 충분히 해결할 수 있다고 생각한다.

율장을 비구·비구니 외에는 보지 못하도록 한 이유는?

2016년 대한민국의 가을은 청와대 국정농단으로 인해서 국가의 이미지 실추는 물론 국민적 허탈감이 극에 달해 있고, 이로 인한 불신감은 각종 억측을 만들어 내고 있다. 이러한 사회적 분위기가 연일 헌정사상 초유의 사태들을 만들어내고 있는데, 결국 5%의 지지율을 받고 있는 대통령이 대국민사과를 통해 검찰수사와 특검도 수용하겠다는 의사를 밝히게 되었다.

이처럼 안타까운 일이 일어나게 된 데에는 원칙을 무시하고 정해진 법대로 국정을 운영하지 않은 것이 원인이라고 볼 수 있다.

특히 권력과 정보가 있는 곳에는 그것을 이용하려는 사람들이 모여들 수밖에 없고 이를 적절히 통제하지 못하면 많은 문제가 발생할 수밖에 없다.

경·율·론 삼장 가운에 유일하게 율장은 비구·비구니 이외에는 보지 못하도록 한 금서조항이 언급되어 있다. 이러한 금서조항을 지키면서도 현재 조계종단의 교육시스템 안에서 계율공부를 원만히 실시하기 위해서 어떻게 해야 하는 가를 고민했던 경우도 있었다. 그 이유는 조계종의 교육시스템이 선교육·후득도 제도를 시행하고 있고 구족계 수지 이후에 선택적으로 율원에서 계율을 공부할 수 있도록 되어 있기 때문이다.

기본교육과정에서는 내실 있는 계율공부를 할 수 있는 기회를 주어야 하는데 금서조항을 어길 수 없어서 개론적인 강의가 이루어질 수밖에 없는 실정이다.

또한 9일간의 구족계수계산림을 거쳐서 구족계를 수지하고 계율공부를 하겠다는 마음으로 율원에 진학하는 비율은 구족계 수계자의 10% 미만에 불과하다. 상황이 이렇다 보니 꼭 금서조항이 지켜져야 하는가라는 생각을 가졌던 적도 있었다.

부처님께서 율장을 금서조항으로 하신 가장 큰 이유는 무엇일까? 이는 도청설계와 관련이 크다고 생각된다.

승단이 사회적으로 존중받으며 수행하고 교화하기에 좋은 여러 가지 여건이 마련되자 수행과 교화에는 마음이 없고 이양만을 탐하는 사람들이 승가에서 포살하는 내용을 듣고 자기도 구족계를 받았다고 대중을 속이는 일이 발생하게 된다. 포살하는 내용을 듣고도 이러한 상황이 발생하는데 율장을 보고 깊이 있게 연구해서 그러한 지식을 갖고 각종 이양을 탐하며 화합승단을 소란스럽게 한다면 이는 사자충이 사자를 죽게 하는 것처럼 화합승가를 붕괴시키는 위험요소가 되기 때문에 수계자격의 기준으로 삼은 13중난 가운데 도청설계를 포함시켰다고 볼 수 있다.

수계자격을 제한하는 내용으로 13중차와 16경차가 있는데 13중난은 해당사항이 있으면 이 몸으로는 구족계를 받을 수 없는 내용에 해당된다. 그러나 16경차는 보완하면 구족계를 받을 수 있는 내용들이다.

한국불교의 경우 일부의 교육기관에서 재가교수님이 계율강의를 하는 것으로 알고 있다. 이는 승가에서 해당과목을 원만하게 강의할 수 있는 인적자원을 키워내지 못한 원인도 적지 않다고 생각한다. 계율에 대한 무관심으로 필요한 교육이 이루어지지 않았기 때문에 비구·비구니의 계율교육을 재가교수가 하는 상황이 만들어졌고, 이러한 분위기는 현재까지도 지속되고 있다.

이러한 상황을 개선하기 위해 교육원에서 시행하고 있는 종단

장학생을 선발하는 과정에서 계율전공자를 우선해서 선발하고 있다는 설명을 들은 적이 있다. 대단히 감사한 일이고 앞으로도 지속적으로 관심을 갖고 후원해서 계율에 밝은 스님들을 많이 배출해 내어 계율만이라도 스님들이 교육할 수 있는 기반이 하루속히 마련되었으면 한다.

한때 계율관련 세미나를 하는 곳에서 율장의 금서조항에 대하여 비판적인 시각을 갖고 주장하는 경우가 있었다. 그들의 주장은 기득권유지를 위해서 비구·비구니 이외에는 율장을 보지 못하게 했다는 것이었는데, 승가에 부여된 여러 가지 존중과 권한에 마음이 있어서 율장을 무시하는 그런 주장을 한 것이 아닌가라는 생각을 하게 된다.

여법한 수계와 청정승가를 유지하기 위한 결계와 포살을 비롯한 화합승가를 유지하기 위한 조건들은 대단히 중요하다고 할 수 있다. 이러한 원칙을 무시하거나 훼손하려는 그 어떠한 시도도 용납되어서는 안 된다.

바람에 흔들리지 않는 여법한 모습을 만들어 내기 위해서는 근본을 바르고 튼튼하게 하는 것이 가장 필요한 일일 것이다.

해제하고 산문을 나서는 선승의 걸망에는 무엇이 들어 있을까?
지금까지 처절하게 자신과의 싸움을 통해서 체득한 법에 대한
안목과 중생의 삶을 행복하게 이끌어 줄
깨달음의 향기가 가득할 것이라고 생각해 본다.

해제, 모든 이의
이익과 안락을 위해 떠나라!

하안거를 해제하면 승랍이 한 살씩 더해지게 되니 수행자의 설은 하안거를 해제하는 날인 셈이다.

인도에서는 1년에 한 번 하안거만 실시했는데 전안거와 후안거제도로 나누어 시행했다. 음력 4월 15일부터 7월 15일까지가 전안거에 해당하고, 4월 15일에 안거하지 못한 스님들은 5월 15일에 안거를 시작할 수 있도록 한 것이 후안거이다. 이는 천재지변이나 각종 사정에 의해서 안거에 참여하지 못한 수행자에게 안거에 참여할 수 있는 기회를 주기 위해서 마련된 제도라 할 수 있다.

그러나 북방불교에서는 전·후안거제도 대신에 하안거와 동안거로 나누어 시행했는데 이는 기후와 풍습에 따라 제도를 다르게 시행한 모습 중 하나라고 볼 수 있다.

올해 병신년 하안거는 근래에 보기 드물게 극심한 무더위와 함께하게 되었다. 선원에서 정진하는 수행의 특성상 찬바람이 건강을 해칠 수 있어서 에어컨을 사용할 수 없어 그 어려움이 더욱 컸던 안거인 것 같다. 이러한 악조건에서도 여여하게 성만한 선객 스님들에게는 그 의미가 남다를 것이며 존경과 찬사의 말씀을 올리고 싶다. 흔들림 없이 정진하고 보름마다 포살을 하며 해제 전날 여법한 자자를 하고 해제 후 산문을 나서는 수행자의 모습이야말로 가장 희망적인 수행자의 모습이며 많은 이들이 존경과 감동으로 우러러 보는 모습이다.

해제하고 산문을 나서는 선승의 걸망에는 무엇이 들어 있을까? 지금까지 처절하게 자신과의 싸움을 통해서 체득한 법에 대한 안목과 중생의 삶을 행복하게 이끌어 줄 깨달음의 향기가 가득할 것이라고 생각해 본다.

해제의 진정한 의미는 전법의 길을 떠나라는 부처님의 전법선언의 의미와 함께 할 때 진한 감동이 만들어질 수 있을 것이다. 스스로의 깨달음이 개인의 행복에 그친다면 그 의미는 크게 줄어들고 말 것이다. 그 깨달음이 중생의 행복을 위해 활용될 수 있도록 하는 일이 바로 깨달음의 사회화운동이라 할 수 있을 것이다. 안거기간에 자신을 위한 수행에 전념했다면 안거 후에는 모두에게 수행의 성과를 돌려주며 시주의 은혜에 보답하는 거룩한 회향을 이루어내야 한다.

모든 이의 이익과 안락을 위해 길을 떠나라고 독려하셨던 부처님의 전도선언이 61명이 아라한으로 초기 승가를 구성했던 그 시절만이 아닌 지금 이 순간도 유효해야 한다. 스스로 당당하게 세상을 살아갈 수 있는 지혜를 체득하고 이를 모든 중생에게 회향하는 일이야말로 위로는 깨달음을 구하고 아래로는 중생을 구제하는 것으로 수행을 삼는 대승불교의 가르침과 일치하기 때문이다.

한국불교의 많은 불자들이 참선수행자에게 거는 기대는 참으로 크다고 볼 수 있다. 그 예가 '선방 문고리만 잡아도 지옥고를 면하고 극락왕생한다'는 믿음이다. 이러한 믿음을 바탕으로 수행에 불편함이 없도록 시봉해야 한다는 공감대가 이루어졌다고 볼 수 있다. 이러한 기대와 존중은 단시간에 만들어질 수 있는 것이 아니다. 많은 선배 스님들의 열정과 노력으로 만들어진 결과물이라고 생각한다.

우리 속담에 '참깨 백 번 구르는 것보다 호박 한 번 구르는 것이 빠르다'는 말이 있다. 이는 개인의 역량만이 아니라 사회적인 통념까지도 참고로 하여 나온 말이라고 본다.

근래 출가자의 숫자가 줄고 법회에 참석하는 청년 불자의 수 또한 급격히 줄고 있는 것이 한국불교의 현실이다. 출가를 통해 스스로의 삶을 가장 긍정적으로 바꿀 수 있다는 확신을 갖게 될 때 발심출가자는 늘어날 수 있을 것이다.

흔히 젊은이들이 이 시대를 돈이 없어 결혼을 못하고, 자식을 못 낳는 삼불(三不)시대라고 하는데 이처럼 절망으로 가득한 젊은이들의 생각을 희망차게 바꾸어 주는 일도 우리 승가의 몫이 아닌가 생각한다.

'마음은 그림을 그리는 화가의 붓끝과 같아서 능히 생각하는 바를 그려낸다'고 하는 〈화엄경〉의 말씀이 이들에게 희망의 메시지로 활용되게 하려면 처절하게 마음에 대해 고민하고 항복 받으려 노력한 경험자의 말씀이 절대적으로 필요하다.

안거를 마치고 산문을 나서는 수행자의 바랑에 이러한 희망적인 메시지가 가득했으면 한다.

발심출가자가 넘쳐나고 불법 안에서 희망찬 삶을 가꾸는 이 시대의 원력보살들이 수행자의 결망을 통해서 무수히 배출되었으면 하는 바람이다.

정인淨人, 청정승가를 돕는 승가의 울타리

　　　　　　　　남방불교를 순례하는 한국불교의 재가불자
　　　　　　　　들에게 가장 낯설고 당황스러운 일은 스님
　　　　　　　　들에게 공양금을 올릴 때 그것을 정인(淨人)
이 받아가는 모습일 것이다.
　북방불교에서는 스님들이 돈을 만지는 일에 대해 그리 부정적으로 생각하지 않지만 남방불교에서는 이를 금기시하는 승단이 적지 않다. 이는 돈이나 금·은 등의 귀금속을 갖지 못하게 했던 계목과 관련이 있는 부분으로 그 내용을 보면 비구·비구니 모두에게 해당되는 30가지의 부정(不淨)한 소득물을 대중에게 내놓고 참회해야 하며 한문으로는 사타(捨墮)라 하고, 범어로는 니살기바일제라 한다. 즉 부정소득물을 대중에 내놓고 참회하지 않으면 지옥에 떨어진다는 의미이다. 이러한 30가지의 계목 가운데 돈과 관련된 몇 가지 계목이 있다.

첫째는 신심 있는 불자들이 옷을 공양 올리려 하는데 돈으로써 옷값을 주는 경우이다. 이때 비구·비구니는 직접 옷값을 받지 말고 정인에게 받게 해서 정인이 옷을 준비하게 하며, 만약 바로 옷을 준비해 주지 않으면 세 번까지는 가서 옷을 준비해 주어야 하는 사정을 말할 수 있으며 네 번부터 여섯 번까지는 말을 할 수 없고 앞에 서 있다가 오도록 했다. 여섯 번이 지나서도 옷을 준비해 주지 않으면 옷 공양을 올린 사람에게 옷값을 다시 찾아가게 하는 방법으로 제도가 운영되었다. 다소 불편할 것 같은 제도이지만 서로 물건을 앞에 두고 다투거나 감정이 상하는 일을 막을 수 있는 좋은 방법이라 할 수 있다.

둘째는 돈에 관한 내용으로 율장마다 조금씩 차이가 있으나 비구가 돈을 손으로 받게 되어 문제가 되면 지정된 장소에 버리게 하고 정인을 시켜서 이 돈을 승단에서 필요한 물건으로 바꾸어 오게 했는데, 돈을 받아서 문제가 되었던 스님에게는 바꾸어 온 물건을 사용할 권한이 주어지지 않는다. 이러한 계율전통으로 스님에게 돈을 공양 올리면 스님이 직접 손으로 받지 않고 부채에 받거나 시봉하는 정인이 있을 경우에는 정인이 받아서 스님이 필요로 하는 곳에 사용할 수 있도록 한다. 남방불교와 다소 차이는 있으나 한국불교에도 사찰에 많은 숫자의 정인이 있다. 종무원, 공양주보살, 부목처사 등이 모두 정인에 해당하는 분들이다.

율장에는 부처님께서 생존해 계실 때 마가다국의 빔비사라 왕이 훌륭한 비구들을 위하여 500명의 정인을 승가에 기부한 일이 있으며 한국불교에서도 신라나 고려시대에 왕실에서 많은 정인들을 사찰에 보내어 그곳에서 필요로 하는 다양한 역할을 하도록 했다.

최근의 사회적인 기준으로 보면 거북하게 느껴지는 부분도 없지 않으나 당시 왕이 존경하는 승가를 위해 왕의 밑에서 일하던 사람들을 파견했다고 볼 수 있고, 현대사회에서는 사찰의 여러 가지 일이 원활하게 이루어지게 하기 위해 인건비를 지원해 주는 일과 유사하게 볼 수도 있을 것이다.

이들 정인들은 왕실에서 생활할 때보다 자유롭고 편안하게 생활했을 수도 있을 것이다.

고려시대에는 사찰의 정인(노비)이 되기를 자처하여 사찰에 머무는 귀족들도 적지 않았다. 이러한 경우는 정인의 신분으로 사찰에 머물면서 여러 가지 공덕을 쌓는 일이 수승한 공부가 된다는 생각에서 지원한 것으로 보인다. 이처럼 자발적으로 정인이 되기를 원했던 사람도 있고 경제적으로 어려운 이들을 승가가 받아들였을 가능성도 있다. 다만 어떠한 경우라도 출·재가 모두의 승인 없이 정인을 고용할 수는 없었고, 교단은 반드시 정인에게 생계유지를 위해 합당한 보수를 지급해야 했다.

현대사회에서도 사찰에서는 많은 정인을 필요로 하게 된다. 이들은 종무행정을 비롯하여 사찰을 유지하는 다양한 부분에서 소중한 역할을 하고 있다. 이제 정인들이 좀 더 돈독한 신심으로 안정된 생활 속에서 정인의 역할을 수행할 수 있도록 관심을 갖고 배려해야 하며, 신심과 원력으로 종무행정을 수행삼아 할 수 있는 분위기를 만들어야 한다.

각종 종무연수를 통해 전문적인 역량을 키우고 정인들이 할 수 있는 종무를 비롯한 각종 역할들이 최상의 공덕을 쌓는 일이자 최상의 수행이 되는 일임을 확신하고 이를 수행으로 승화시킬 수 있는 교육이 필요하다.

이러한 분위기가 원만하게 이루어지기 위해서 승가는 감동과 존경으로 볼 수 있는 청정성이 갖추어져야 한다. 이런 토대 위에서 교육과 제도개선을 통해 정인의 위상을 마련해 주고, 정인은 수행을 하고 공덕을 쌓는 수승한 일로 생각하며 매사에 정진한다면 균형 잡힌 한국불교의 교단을 만드는 데 소중한 역할을 할 수 있을 것이다.

비구가 바라이죄를 범하면
청정비구와 함께 머물지 못한다.

종법宗法의 멸빈滅擯과 불공주不共住

몇 년 전에 멸빈처분을 받았던 스님들을 화합차원에서 사면을 실시하여 복권시켜준 일이 있었다. 이러한 모습을 보고 '멸빈이 멸빈 당했다'라는 말로 용어사용에 대한 아쉬움을 말하는 경우도 적지 않았는데, 이러한 현실은 율장을 의지해서 종헌종법을 제정하고 이를 사용하고 있으나 용어선택과 법의 적용이 정확히 일치하지 않은 까닭에 발생한 일이므로 관련 법령을 정비해야 한다는 의견도 있었다.

〈승려법〉 제8장 '징계부분'에서는 징계의 내용과 경중을 멸빈·제적·법계강급·공권정지·면직·변상·문서견책의 여덟 단계로 구분하고 있다. 이는 율장에서 바라이·승잔·사타·바라제제사니·백중학·투란차·돌길라 등으로 범계의 경중을 구분한 것과 거의 일치한다고 볼 수 있다.

이 가운데 바라이에 해당하는 징벌내용이 바로 멸빈이다. 멸빈에 관한 내용은 〈비구계본〉의 바라이계(波羅夷戒)의 계상마다 '비구가 바라이죄를 범하면 청정비구와 함께 머물지 못한다[不共住]'라고 언급되어 있다. 함께 머물지 못한다는 것은 바라이죄를 범하면 비구의 모든 권한이 상실되고 다시는 이 몸으로는 구족계를 받지 못하는 상황이 되는데, 이를 멸빈이라는 용어로 설명하기도 한다. 즉 승려의 모든 자격과 지위가 소멸되었다는 의미이다. 〈살바다비니비파사〉에서도 바라이죄를 범한 비구는 대중결의권과 설계(說戒)를 할 수 있는 자격을 상실함과 동시에 35가지 일을 하지 못한다고 명시되어 있다.

또한 빈출(擯出)이 있는데 이는 승잔죄를 범했을 경우에 머물고 있던 현전승가에서 추방되는 경우이다. 그러므로 멸빈은 사방승가에서 완전히 쫓겨나는 것이고 빈출은 비구의 자격이 정지된 상태에서 현전승가 내에서 쫓겨나는 일로 볼 수 있다.

현재 조계종단에서 운용하고 있는 종법 가운데 스님들의 상벌에 관한 내용을 명시하고 있는 법이 바로 〈승려법〉이다. 이 〈승려법〉의 제8장 징계부분을 살펴보면 그 징계수위가 가장 높은 것이 바로 멸빈이다. 멸빈의 경우 '① 승적을 박탈하고 승복·법복·승려증 등 승려신분에 관계되는 일체의 모든 것을 회수하고 ② 사찰에서 빈척하고 ③ 복적 또는 재득도 할 수 없다'라고 규정하고 있다. 이는 바라이죄에서 명시된 내용이 잘 반영된 것으로 볼 수 있다. 그러나 멸빈에 처할 수 있는 내용을 보면 율장과는 상당한 차이가 있음을 볼 수 있다.

첫째는 '불계 중 4바라이죄를 범하여 실형을 받은 자'라는 내용으로, 율장에서는 바라이를 범하면 자신의 발로참회에 의하여 바로 승가에서 추방하는 갈마를 통해 비구의 신분을 잃게 되는데 비해 〈승려법〉에서는 실형을 받은 자로 규정하고 있는 부분이 다르다고 볼 수 있다. 누군가가 바라이죄에 대하여 문제제기를 하고 재판을 거쳐서 확정이 되어야만 멸빈사유가 성립되는 구조이다.

둘째는 대부분의 멸빈사유에 해당하는 조항들이 승잔죄나 사타죄에 해당된다는 점이다. 〈승려법〉에서 규정한 '불조에 대하여 불경한 행위를 한 자, 도당을 형성하여 반불교적 행위를 자행한 자, 불법부당한 개인의 사욕을 도모하기 위하여 종단의 법통과 교권을 침해코자 종단 내의 조정기관(소청심사위원회·법규위원회·호계원) 또는 판정기관의 시정절차를 밟지 아니하고 허위사실을 유포·조작하여 고의로 사직당국에 민·형사간 제소를 일으키는 자, 집단으로 행각하면서 타인에게 폭력행위를 한 자' 등은 승잔죄 정도에 해당하고 '1회 이상 제적 당하고도 참회의 정이 없는 자'는 승잔죄의 경우에도 최소한 3번 이상 충고를 해야 승잔죄가 성립되는 것과는 차이가 있는 부분이다.

그동안 조계종단에서 정화과정을 거치면서 주로 발생되었던 종권다툼과 삼보정재의 유실을 막아야 하는 사항들이 멸빈사유에 포함된 것으로 보인다. 이제라도 미처 챙기지 못했던 여법하지 못한 요소들이 있다면 서로 논의하고 보완하여 모두가 신뢰하고 활용할 수 있는 터전을 마련했으면 한다. 아무리 좋은 명분이라 하더라도 근간을 훼손하면 감당하기 어려운 상황이 발생하기도 한다.

멸빈판결을 받은 경우에 복적 또는 재득도 할 수 없다는 종법 조항이 지켜지기 위해서는 중죄에 해당하는 내용일수록 용어의 선택과 판결에 신중을 기하고 판결된 내용에 대해서는 이를 지키려는 의지가 중요하다고 생각한다.

율장을 근간으로 제정된 종헌종법이라면 율장정신이 정확하게 반영되어 종도들이 불평 없이 사용할 수 있도록 해당 소임자 스님들께서 마음 써 주셨으면 하는 바람이다.

결계와 포살 시행의
아쉬움

〈사분율행사초자지기(四分律行事鈔資持記)〉가 운데 일곱 번째 과목인 승망대강편(僧網大綱篇)을 마무리하는 부분에 포살을 준비해서 시행하는 모습을 상세히 언급하고 있는데 그 내용을 조금 소개하면 다음과 같다.

설계(說戒)를 하는 일은 보름마다 늘 준수해야 하는 법이다. 매번 설계하는 날 아침이 되면 설계를 알리는 소임자는 대중에 설계가 있음을 알려야 하고, 누구는 있고 누구는 없으며, 건강한 사람과 병든 사람이 몇 명씩인지를 알아야 하며, 부축하면 참석

할 수 있는 사람은 몇 명이며, 몇 명이나 여욕을 했는지 파악해야 한다.

 이와 같이 하고 나면 불탑이나 법당을 청소하고 절의 구석구석을 물을 뿌리고 빗자루로 쓸어서 설계법과 같이 준비해야 한다.

 설계를 알리는 건추를 치기 전에 대중 가운데 어른인 상좌비구는 몸소 각각의 방을 안행해서 병든 사람이 있으면 위로해 말하기를 '대중이 하는 청정한 포살은 범부와 성인이 함께 준수해야 하니 스님은 비록 병으로 누워 있다 해도 한 번의 예라도 할 수 있으면 참여해야 합니다. 노력하고 스스로 힘쓰면 이 몸과 마음에 가능하지 않다고 생각한 것도 이를 믿고 실천하면 이룰 수 있게 됩니다. 혹 병든 인연 때문에 일어나지 아니하고 죽어 후세에 태어나면 업을 따라 몸을 받게 되는데 어떠한 곳에 태어나게 될지 알 것입니다. 다시 설계하는 것을 듣고자 해도 어찌 다시 들을 수 있겠습니까?'

 위의 내용을 살펴보면 포살은 보름마다 해야 하고 불탑과 법당은 먼지를 털고 물을 뿌리며 깨끗이 청소하고, 소임자는 빠지는 사람이 없도록 찾아가서 알리고 가능하면 참여할 수 있도록 권장해야 한다고 강조하고 있다.

대한불교조계종 승가도 총림이나 수행처소에서는 이전부터 포살(설계)을 시행하고 있었으나 전 종도에게 시행하지는 못했던 상황에서 불기 2552(2008)년 3월 20일에 〈결계 및 포살에 관한 법〉을 제정하여 전 종도를 대상으로 시행하고 있다. 이러한 포살제도의 전면적인 시행은 여법하고 청정한 승단을 유지하기 위한 중요한 일이라고 생각한다.

다만 아쉬운 점은 첫째, 부처님 당시의 시행되었던 포살제도는 전원 참석을 원칙으로 한 것에 비해 현재 조계종단에서 시행하는 포살은 〈결계 및 포살에 관한 법〉 제3조에 '다만 승납 40년 이상 또는 법계 대종사급 이상의 승려는 포살참여를 예외로 한다'는 내용을 2010년 11월 16일에 개정해서 시행하고 있다. 전원이 참석해야 하고 병든 비구라 하더라도 권해서 모두 참여할 수 있도록 해야 한다는 부처님 당시와는 대조적인 모습이다.

둘째, 부처님 당시에는 안거 중에 보름마다 반드시 시행되었는데, 현재 시행되고 있는 포살제도는 〈결계 및 포살에 관한 법〉 제6조를 참고로 보면 '본 종 승려는 결계신고를 한 교구본사에서 행하는 포살에 결제기간(하안거·동안거) 중 1회 이상 참여하여야 한다'라고 참여횟수를 명시하고 있으며, 또한 '포살은 결제기간(하안거·동안거) 중 월 1회 이상 개최하고 시행일자 및 장소는 각 교구본사에서 정한다'라고 2010년 11월 16일에 개정하여 시행하고 있다. 그러나 부처님 당시에 시행되었던 포살제도와 같이 보름마다 시행하고 승가구성원은 전원 참여해야 한다. 그 이유는 구족계 수계를 통해서 조계종도로서의 지위가 만들어졌고, 구족계를 수계하며 다짐했던 계목에 대해 문제가 발생하면 참회하는 방법을 통해 그 지위를 유지하고, 포살과 자자 및 승가에서 발생하는 각종 문제들을 여법한 갈마를 통해 참회하고 출죄하는 인연으로 청정승단이 유지되기 때문이다.

비록 포살제도를 시행하고 있다고 해도 비법적인 요소가 함께 하고 있다면 승가의 청정성을 유지하는 일에는 많은 장애가 될 수 있고 승단을 바라보는 세간의 시선 또한 호의적이지는 않을 것이다.

시행과정에서 발생하는 부분적인 문제들을 좀 더 여법한 방향으로 보완하여 종도들은 청정승가의 구성원으로서의 자긍심을 갖게 하고 세간에서 승단을 바라보는 시선 또한 존경과 신뢰를 가질 수 있도록 해야만 부처님의 가르침이 이 땅에서 지속적으로 그 역할을 할 수 있을 것이다.

공양을 하기 전에 부처님께 올리는 모습은
부처님 당시뿐만이 아니라 지금도 항상 함께하시는
부처님으로 늘 생각하고, 그 부처님을 의지해서
수행하는 것으로 느낄 수 있다.

동계록同戒錄의 발행과 좌차座次

대한불교조계종에서는 2016년 구족계수계산림부터 〈동계록〉을 만들어 수계자에게 지급하고 있다. 이는 오래 전부터 행해져 왔던 전통으로 단일계단 초기에 몇 년간 시행하다가 그 맥이 끊긴 것을 다시 시행하게 된 것이다.

 동계록은 구족계산림이 언제, 어디에서 봉행되었으며 수계를 해 주신 증사 스님을 비롯하여 교수사·갈마사·인례사·습의사 등의 수계산림 운영위원과 산림을 보좌하며 후원하는 총무원집행부 등이 어떻게 이루어졌는지에 관한 내용과 수계자의 인적사항을 기록함으로써 언제 수계를 했는지에 대한 검증이 가능하도록 만든 기록물이라 할 수 있다.

　중국불교의 경우 남경에 있는 보화산 융창사가 명·청시대를 대표하는 율종사찰로서 매년 동계록을 발행하여 지금까지고 이어지고 있으며, 한국의 경우도 만하승림율사가 중국 법원사계단에서 전계를 하고 귀국 후 통도사 등의 여러 사찰에서 수계를 하면서 만든 계첩이 있는데 동계록의 형식을 포함해서 만든 호계첩이 남아 있어 그 전통을 확인할 수 있다. 이러한 동계록은 좌차를 판단하는 중요한 지표로 사용된다. 대만불교의 사찰을 방문했을 때 협조를 요청하고 사전조율을 하다 보면 구족계를 수계한 연도 및 날짜까지 정확한 자료로 요청하는 경우가 종종 있는데, 그곳 사찰에 머물다 보면 현재의 직함보다 구족계수계의 내역을 왜 더욱 중요하게 생각하는지를 알게 되며 이를 협의 과정에서 요구한 이유가 무엇인지를 분명히 알게 된다.

　특히 공양시간이나 중요한 갈마를 하는 시간이 되면 현전승가 안에 머무는 모든 비구를 대상으로 좌차를 살피고 그 좌차에 따라서 공양자리나 갈마하는 자리를 배치하기도 한다.

　예를 들어서 그곳에 머무는 비구를 구주(久住)비구라 하고 새로 방문한 비구를 객(客)비구라 할 수 있는데, 구주비구와 객비구를 합쳐서 그 가운데 법랍이 가장 높은 사람이 가장 상좌차가 된다. 우리의 경우에 소임과 법랍을 함께 적용해서 법랍이 적어도 중요한 소임을 맡게 되면 윗자리에 앉기도 하지만 율장에서 확인할 수 있는 좌차는 법랍을 기준으로 했다.

　몇 년 전 율주 스님을 모시고 율원대중과 함께 대만 중부에 있는 '정각정사'라는 사찰을 방문한 적이 있다. 그곳은 계율에 대한 연구와 실천을 중요시하면서 살아가는 사찰이었는데 서로 인사를 나누고 점심공양시간이 되자 사전에 요구하여 파악한 자료의 법랍을 기준으로 자리배치가 이루어졌다. 그 자리에서 법랍이 가장 높은 스님이 율주 스님이셨고 다음이 정각정사에 주석하는 노스님이셨으며 그 다음이 정각정사의 방장소임을 맡은 과청율사였는데 그 순서대로 자리에 앉아서 공양을 하게 되었다. 한국에서 율사 스님들이 오셨다고 특식으로 공양이 준비되었는데 한 가지 음식이 나올 때마다 어간에 모셔진 부처님께 먼저 음식을 올리고 이를 내려서 나누어 먹는 방법으로 공양을 했다. 이러한 모습으로 공양이 이루어지는 것을 보면서 율장의 모습과 같은 공양이라는 생각을 하게 되었다.

　공양을 하기 전에 부처님께 올리는 모습은 부처님 당시뿐만이 아니라 지금도 항상 함께하시는 부처님으로 늘 생각하고, 그 부처님을 의지해서 수행하는 것으로 느낄 수 있었다.

　또한 구주비구와 객비구의 구별 없이 좌차에 따라 상좌차의 스님을 윗자리에 모시고 공양을 하고 갈마를 하며 수행을 하는 모습을 보면서 안거를 할 때마다 자리에 대해서 서운한 말들이 자주 오가는 우리 대중처소의 현실을 생각해 볼 때 참고로 했으면 하는 생각을 했다.

　이번에 발행한 동계록은 전체 수계산림에 대한 내용을 볼 수 있도록 발행되었지만 앞으로는 작은 분량의 신분증과 같은 형태의 동계록도 발행하여 국제적인 교류가 이루어지는 장소나 국내 대중처소에서도 법랍에 따라서 자리를 정함으로써 좌차에 대해 조금도 서운하거나 억울함을 이야기하는 사례가 발생하지 않는 공동체를 운영하는데 도움이 되는 자료로 활용되었으면 한다.

　아울러 소임은 그 소임이 진행되는 시간에 중요시되고, 나머지는 법랍을 기준으로 좌차가 정해지는 좀 더 여법한 방법의 좌차제도에 대해서도 함께 고민하고 보완하는 노력을 했으면 하는 바람이다.

폭력과 자살

전 세계적으로 종교적인 이유나 인종·이념적인 이유로 인해 연일 각종 테러로 많은 사람들이 살해되거나 부상당하는 일이 일어나고 있다. 이유여하를 막론하고 폭력으로 키워진 각종 원한은 또 다른 원한을 낳는다. 외적인 폭력에 의해서 죽임을 당하는 일이 살해라면 스스로 의지에 의해 목숨을 끊는 일은 자살이라 할 수 있는데 부처님께서는 각종 폭력으로 살아 있는 모든 생명을 죽이는 일과 스스로 목숨을 끊는 일을 모두 범하지 말아야 한다고 말씀하셨다.

대승계법의 하나인 〈범망경보살계〉에서는 설사 부모를 죽인

원수라 할지라도 원수 갚고자 하는 마음을 내지 않는 것이 보살심이라고 했다. 원한으로 원수 갚고자 하는 마음을 쉬지 않으면 원한은 끝나지 않기 때문이다.

9·11테러사건 이후에 미국은 테러와의 전쟁을 선포하고 악의 뿌리를 뽑기 위하여 많은 전쟁을 했고 지금도 계속되고 있다. 테러와의 전쟁으로 많은 생명이 희생되는 모습을 보며 2003년 봄에 홍콩을 방문했을 때 정공(淨空)법사를 비롯한 중국스님들이 전쟁으로는 테러를 근절시킬 수 없으니 다른 방법으로 풀어 나가야 한다고 미국 백악관에 조언했다는 이야기를 들었다.

불교가 세계평화를 위해 기여할 수 있는 가능성을 확인할 수 있는 사례로 크게 부러웠던 기억이 지금도 새롭다. 사회적으로 일어나는 폭력과 살해의 악순환을 끊는 일은 안정된 마음으로 사안의 근본원인을 직시하고 자비심과 연민으로 용서하며 화해할 때 가능해 질 것이다.

자살의 경우도 참을 수 없이 고통스러운 병에 걸리거나 경제적 어려움을 극복할 가능성을 찾지 못하거나, 우울증·조울증 등의 정신적·육체적 고통이 죽음에 이르도록 한 경우가 적지 않다. 〈사분율장〉을 참고로 보면 살인계(殺人戒)를 제정하는 연기부분에 부정관 수행의 부작용으로 자살을 원하고 죽여주기를 희망하는 사람들을 살해하는 일이 발생한다.

부정관(不淨觀)은 욕망을 다스리기 위해 육신의 더러움을 관찰하는 방법이다. 이 방법을 의지해서 초기 승가는 수행을 했고 그 인연으로 육신을 싫어하고 부끄러워하는 마음을 품게 되었다고 한다. 이러한 부정관 수행을 통해서 육신에 대한 무상함을 절실히 느낀 나머지 스스로 죽기를 희망하거나 죽음을 찬탄하기도 했고, 스스로 칼을 구해 목을 베거나 독약을 먹기도 하며 심지어는 서로 목숨을 해치는 일까지 생기게 되었다.

이러한 부작용을 알게 된 부처님께서는 부정관에 대한 대안으로 수식관(數息觀)을 통해 깨달음을 성취하는 방법을 지도하셨다. 수식관은 산란한 마음을 집중시키기 위해 들숨과 날숨에 마음을 집중해서 숨이 들어올 때는 숨이 들어오는 일에 집중하고 숨이 나갈 때는 숨이 나가는 일에 집중해서 번뇌를 끊는 방법이다.

부처님께서는 자살사건에 대하여 '어찌하여 비구들이 칼을 구해 자살을 하고 죽음을 찬탄하고 자살하기를 권한단 말이냐! 비구이거나 사람이거나 혹은 사람을 닮은 이들이 고의로 남의 목숨을 빼앗거나 칼을 주어 죽음을 권하거나 찬탄하여 죽게 한다면 그들은 더 이상 승가와 함께 할 수 없는 바라이죄를 범한 것이다'라고 살인계의 계목을 제정하셨다.

우리가 사는 세상을 어떠한 시각으로 바라보고, 그 터전 위에서 무엇을 성취할까를 생각하는 일은 대단히 중요하다. 어떤 마음으로 접근하느냐에 따라서 그 결과가 너무도 다르게 나타날 수 있기 때문이다. 적어도 바라밀실천을 서원한 보살심으로 세상을 살아간다면 부정적으로 세상을 바라볼 수 있는 어떠한 조건도 성립하지 않는다. 모두가 무량한 발전이 가능한 좋은 기회가 되기 때문이다.

 대승계의 특징 중의 하나인 삼취정계 가운데 섭선법계와 섭중생계를 실천하려는 적극적인 의지를 바탕으로 삶을 살아간다면 일상 모두가 무량한 공덕을 쌓는 일이 되고, 대립과 갈등을 풀어내는 일이 되므로 스스로의 삶을 포기할 그 어떤 조건도 성립되지 않는다.

 이렇듯 적극적이고 희망적인 대승불교의 가르침을 많은 사람들이 배우고 실천하는 사회가 된다면 원한을 키워 원수 갚고 보복하는 일도 그치게 되고, 스스로 구족한 불성에 대한 안목을 갖춘다면 소극적인 삶과 스스로 목숨을 끊는 일들이 발생할 까닭이 없어진다.

 부처님의 가르침이 널리 유통되어 이 땅에 오래도록 그 역할을 해야 하는 이유가 여기에 있다.

"그대의 스승은 누구이시고
그대는 어떤 수행을 하셨습니까?
저에게 가르침을 주십시오."
"모든 법은 인연을 좇아 생기고
인연이 다하면 법 또한 없어진다.

계율이야기 ❸

승가의 위의와 의식주

위의 威儀, 내면의 안정
거울에 비치다

성취한 깨달음을 중생에게 전해주는 방법 중 가장 효율적이고 감동적인 것이 위의(威儀)이다. 삼장을 열심히 공부해서 설법을 잘 하는 것도, 선정이 원만해져서 안정된 모습을 보여주는 것도 모두가 소중한 교화의 방편이지만 깨달음이 높고 법문을 잘해도 여법한 행위로써 인연 있는 사람들에게 보여주지 못하면 법에 대한 신뢰가 떨어지고 수행과 교화에 큰 장애요인이 되기도 한다.

부처님께서 깨달음을 성취하시고 교화하신 지 오래되지 않았을 때 위의가 제일인 스님이 있었는데 그를 마승(馬勝)비구라 했다. 그의 위의는 안정되고 여법하여 멀리서 탁발하는 모습을 보면 부처님과 구별이 되지 않을 정도여서 그를 소석가라 하기도 했다. 마승비구가 탁발하는 모습을 보고 첫눈에 '저렇게 안정된 모습으로 탁발하는 수행자라면 반드시 깨달음이 높고 수승할 것이다'라고 생각하여 마승비구에게 가르침을 구한 사람이 지혜제일의 사리불존자였다.

산자야의 제자로서 모든 학문에 통달하고 더 높은 가르침을 구하던 사리불은 마승의 안정된 위의를 보고 찾아가서 물었다.
"그대의 스승은 누구이시고 그대는 어떤 수행을 하셨습니까? 저에게 가르침을 주십시오."
"예, 저는 부처님의 제자이고 아직 법을 잘 설명할 수는 없습니다."
라고 하니 사리불은 간단하게라도 설명해 줄 것을 간청해서 마승비구가 답변한 게송이 다음과 같았다.
"모든 법은 인연을 좇아 생기고 인연이 다하면 법 또한 없어진다. 우리 스승 석가모니부처님께서는 늘 이와 같이 말씀하신다네."
모든 법은 인연에 의해 생기고 멸한다는 가르침이야말로 참된 법이라고 생각한 사리불은 부처님의 가르침을 받고 제자가 되는데, 사리불과 제자 일백 명 외에도 스승을 구하면 함께 수행할 것을 약속했던 목건련과 제자 일백 명이 함께 출가해서 이후 1,250명의 상수대중이 이루어지는 결정적인 역할을 한 것이 바로 마승비구의 위의이다.

율장을 참고로 보면 소소한 계목은 위의에 관계되는 내용이 대부분이다. 그밖에도 삼천 위의와 팔만 세행으로 위의에 대한 세밀한 말씀을 강조하셨는데 큰 자비가 아니면 이렇듯 세세한 말씀을 하지 못할 것이고 또한 그 마음이 지극히 안정된 상태가 아니면 가능하지 못했으리라 생각한다.

지금 이 순간 조계종 승가의 모습은 어떠한가? 우리는 마승의 위의를 갖추고 있는가? 세상 사람들에게 존경받는 모습을 잃고 살아가지는 않는가? 이를 냉정히 생각해 보면 참으로 부족함이 많은 부분 중 하나가 위의라고 생각한다. 세상을 바르게 하고 세상을 걱정해야 하는 승가가 비난받을 만한 일들이 끊임없이 발생하고 있어 세상에서 걱정하는 공동체가 되었다면 이는 심각한 일이다.

수행이 깊어질수록 더 자비롭고 안정된 모습이 저절로 드러나야 할 텐데 조급하고 괴팍한 모습으로 법답지 않은 수행자라는 느낌을 주지는 않았는지 생각해 보아야 한다. 승랍이 많아질수록 역할이 늘어나고 여법한 모습이 몸에 익어서 보는 이들에게 감동을 주어야 한다. 여법한 수행자를 보며 '이렇게 자비롭고 행복한 모습을 만들 수 있다면 다른 모든 것을 포기하고 수행자가 되겠다'는 발심이 절로 나게 하는 여법한 위의의 수행자가 참으로 필요한 시대이다. 행자 때의 마음, 사미시절의 마음만 유지해도 깨달음이 어렵지 않다는 말을 자주 듣게 되는데 이는 교육내용과도 무관하지 않은 듯하다.

행자 때는 〈초발심자경문〉을 중심으로 교육하고, 사미·사미니계 수계산림 때는 〈사미율의〉를 중심으로 사미10계와 24위의에 대한 내용을 집중적으로 공부하게 된다. 그러나 현행 교육제도는 사미계 수계 이후에는 개론적으로 계율을 공부하는 적은 시간만 배정되어 있다.

구족계를 수계하기 전에 7일간에 걸쳐서 계본 강의가 이루어지는데 이것이 계율공부의 마지막인 경우가 매년 구족계 수계자 가운데 90% 이상이다. 배우지 않고 어떻게 실천할 수 있으며 실천의 경험이 없이 어떻게 자연스럽게 몸에 익은 모습의 위의가 드러날 수 있겠는가?

부처님께서 권장하셨듯이 구족계를 수지한 후에 5년까지는 계율을 정미롭게 공부할 수 있는 방안의 마련이 절실하며 율장과 인연이 없는 90%의 승가대중에게 의무적으로 계율공부를 할 수 있는 분위기가 마련된다면 좀 더 여법하고 감동적인 위의를 갖출 수 있으리라 생각한다.

무소유無所有 와
소욕지족少欲知足

무소유! 무소유의 실천은 과연 한국불교가 추구하는 가장 바람직한 수행자상일까? 부처님의 계율정신은 결코 무소유가 아니다. 그러므로 율장을 통해서 느낄 수 있는 계율정신은 무소유가 아닌 소욕지족이라 할 수 있다. 한국불교에서 소욕지족이 아닌 무소유의 삶을 강조하게 된 원인은 지나치게 세속화 되고 물질만능의 사회풍조 속에서 물욕에 자재하지 못한 승단의 모습을 걱정하며 극단적으로 표현한 면이 아닐까 생각한다.

  율장정신은 무소유가 아닌 소욕지족이라고 주장할 수 있는 근거는 사분율장 바라제목차 가운데 13승잔의 열 번째 계목인 파승위간계(破僧違諫戒 : 화합대중을 파괴하려고 대중의 충고를 거역하지 말라) 부분에 나오는 내용 때문이다. 이는 제바달다가 사람을 시켜서 부처님을 시해하고 아사세 태자를 부추겨 부왕을 시해하려는 사건이 발생함으로 인해서 나쁜 소문이 나고 걸식하기가 어려워지자 이러한 상황을 극복해 보려고 ① 목숨이 다하도록 걸식하고 ② 분소의를 입으며 ③ 맨땅에 앉고 ④ 우유와 소금을 먹지 않고 ⑤ 생선과 고기를 먹지 않는다는 다섯 가지의 주장으로 세력을 형성하려 했는데, 이러한 사정을 부처님께서 전해 듣고는 다음과 같이 말씀하셨다.

"제바달다는 오늘 네 가지 거룩한 종자를 끊으려 한다. 그 네 가지란 무엇인가? '의복을 얻으면 만족함을 알라'하였고 또한 '의복을 얻고 만족함을 아는 이를 칭찬한다'하였다. '음식이나 평상, 침구나 약품 등을 얻으면 만족함을 알라'하였고 '만족함을 아는 이를 칭찬한다' 하였느니라."

이상의 내용은 부처님의 계율정신을 분명히 밝힌 것으로 볼 수 있다. 즉 두타행에서 중요시한 사의법의 내용과 일치하는데, 중생에게 복 짓는 인연과 법을 펴는 인연을 마련해 주기 위해서 걸식을 통해 음식문제를 해결했던 전통을 공양청에 응할 수 있도록 허용했고 분소의를 입게 했던 전통은 할절의를 제정하고, 값비싼 옷까지도 공양 올린 물건에 대해서는 허용하셨다.

동굴이나 나무 아래서 잠잘 수 있도록 했던 수하좌의 전통은 승가람이나 아란야를 지을 수 있도록 허락했으며, 소 오줌을 발효시켜 만든 부란약을 먹게 했던 전통은 각종 영양가 있는 음식을 약으로 허용하신 모습으로 변화가 이루어진다.

　이러한 내용으로 미루어 부처님의 계율정신은 수행자 개인에게는 소욕지족으로 의식주 문제를 해결하게 하고 승단은 청부(淸富)의 개념으로 일체의 신심 있는 단월의 공양물을 수행과 교화를 원만히 이루어 내는 데에 사용하게 한다면 그 양이 많다고 해서 부처님의 계율정신에 크게 문제되지 않는다고 볼 수 있다.

　부처님 당시에 시행되고 권장되었던 각종 공양물을 분배하는 법, 입적한 스님들의 유품을 관리하는 법 등의 여러 가지 제도들이 연구되고 복원된다면 승단의 도덕성이 높아지고 존중받는 감동적인 단체로서의 위상도 크게 높아질 것이라고 본다.

　대표적인 예로 대만불교의 긍정적인 모습 가운데 하나인 자재공덕회의 역할과 사회적 위상도 수행자의 소욕지족과 승단의 청정성을 바탕으로 일구어 낸 모범사례라고 볼 수 있다.

　수행자는 소욕지족의 삶을 살고 교단은 부정하지 않은 공양물을 여법하게 분배하고 관리해서 수행과 교화에 부족함이 없도록 활용하는 일이 바로 청부(淸富)의 모습으로 보살도를 실천하는 일이 될 것이다.

"스님들은 가사가 낡아서
입기가 어려우면 어떻게 합니까?"
"잘 수선하여 입습니다."
"도저히 수선이 어려우면 어떻게 합니까?"
"깨끗이 빨아서 행주로 사용합니다."
"행주로 사용하기도 어려우면 어떻게 합니까?"
"깨끗이 빨아서 걸레로 사용합니다."
"걸레로 사용하기도 어려우면 어떻게 합니까?"
"잘게 잘라서 흙과 섞어서 벽을 바르는데
 사용합니다."

분소의 糞掃衣 와
가사 袈裟

부처님 당시의 수행승들의 옷에 관한 이해를 위해서는 분소의와 가사에 대한 개념을 분명히 할 필요가 있다. 분소의는 부처님께서 성도하신 후 초기 승가가 이루어지면서 입었던 옷을 가리키는 말이고 그 후에 승가의 규모가 확대되고 공양을 올리는 인연이 많아지면서 분소의의 문제점을 보완해서 제정하게 된 의제가 바로 가사(할절의)이다.

분소의는 대변을 보고 뒤처리를 한 후에 버린 천처럼 쓸모없는 천조각을 주워서 만든 옷이라는 의미로 산스크리트어인 팜수(pamsu)의 음역어이다. 이밖에도 〈사분율장〉 의건도(衣揵度) 부분에는 다양한 종류의 분소의가 등장한다. 무덤에 버려진 시체를 덮었던 총간의(冢間衣), 원하는 일의 성취를 위해서 신전에 바쳤던 원의(願衣), 쓰레기 더미에서 구한 천과 길거리 측간의 쓰레기통에서 구한 천과 소가 이빨로 씹어서 떨어진 우작의, 쥐가 못 쓰게 만들어서 버려진 서교의 등 여러 종류의 버려진 천들이 분소의를 만드는 옷감으로 활용되었다.

  가사는 초기 교단에서 시행되었던 분소의 제도가 승단에 귀의하는 사람이 많아지고 옷감을 공양 올리는 인연이 많아지면서 분소의의 불편을 해소하고 공양 올리는 단월에게 작복의 기회를 주기 위해서 마련된 의제이다. 이는 지나치게 많은 옷을 가지고 다녀야 하는 불편함을 없애는 한편, 괴색으로 염색을 한다거나 천을 조각 내어 옷감의 가치를 떨어뜨림으로써 도적이 훔쳐가는 일을 줄이고 속인의 옷과도 구별되게 했다 할 수 있다.

  특히 가사는 삼의로 제작하게 했는데 5조가사인 안타회와 7조가사인 울다라승과 9조에서 25조까지 9품으로 이루어진 승가리를 합쳐서 삼의라고 한다. 초저녁에 춥지 않을 때에는 오조가사만 입고, 한밤중에 날씨가 추워지면 7조가사를 위에 입고, 새벽이 되어서 날씨가 더 추워지게 되면 승가리를 위에 덮어서 어떠한 기후조건에서도 참을 만하게 만든 것이며 필요에 따라 삼의를 좌복으로 사용하기도 하고 이불로 사용하기도 했다.

또한 가사는 한번 만들면 최하 6년까지는 입어야 하는 것으로 바라제목차 가운데 규정하고 있다. 이렇듯 승가전통으로 이어져 내려온 삼의일발의 청정가풍을 근래에 들어와 보고 들을 수 없게 되었으니 대단히 아쉬운 일이라 생각된다.

〈아함경〉을 보면 어느 날 아난존자에게 왕비가 찾아와 다음과 같은 대화를 나눈다.

"스님들은 가사가 낡아서 입기가 어려우면 어떻게 합니까?"
"잘 수선하여 입습니다."
"도저히 수선이 어려우면 어떻게 합니까?"
"깨끗이 빨아서 행주로 사용합니다."
"행주로 사용하기도 어려우면 어떻게 합니까?"
"깨끗이 빨아서 걸레로 사용합니다."
"걸레로 사용하기도 어려우면 어떻게 합니까?"
"잘게 잘라서 흙과 섞어서 벽을 바르는 데 사용합니다."

이 말을 듣고 왕비는 '스님들은 공양물을 참으로 소중히 사용하십니다' 하면서 함께 정진하는 모든 대중스님에게 가사를 공양 올렸다 한다.

넘치고 또 넘치는 풍요로운 물질의 시대를 사는 우리에게 다시 한 번 삶의 자세를 가다듬게 하지는 않는지? 비단 옷에 관한 문제뿐만 아니라 우리의 삶과 소유에 대해서 좀 더 깊이 있는 성찰이 필요한 때가 아닐까? 소욕지족하며 누더기 속에서 원력보살의 꿈을 실천해 가는 수행자가 참으로 소중하고 그리워지는 시대이다.

살생과 음식문화

스님들이 모인 자리에서 자주 나오는 이야기 가운데 하나는 육식을 허용해서 죄의식을 갖지 않고 먹을 있도록 할 수는 없는가이다. 그 이유는 사찰이 아닌 도심에서 공양을 하게 될 경우 채식으로 공양하기가 너무도 어려운 상황이어서 혹 직접 고기를 먹지 않아도 고기로 음식을 만드는 식당에 들어가면 여러 사람들의 시선이 곱지 않기 때문이라고 했다.

 스님들이 육식 위주의 음식을 파는 음식점에 출입하는 일을 부정적으로 바라보는 시선이 부담스러워서 육식이 부처님의 가르침과 서로 어긋나지 않는다는 명분을 만들어 합법화시켜야 한다는 논리인데, 과연 그렇게 하는 일만이 최선책일까? 다른 방법은 없을까라는 고민에 빠지게 된다.

지난 2010년에는 구제역으로 소 15만 마리와 돼지 330만 마리를, 조류독감으로 오리와 닭 647만 마리를 생매장했다. 그리고 이러한 현상은 매년 되풀이되고 있다. 구제역 발생농가의 반경 3km 안에서 사육하고 있는 관련 가축들을 모두 죽여 예방적 살처분을 하고 있는데 생매장을 하면서 악취나 수질오염 등의 많은 문제점도 발생하고 있다. 매년 이러한 악순환이 반복되는 원인은 무엇일까? 맛있는 고기를 만들기 위해서, 경제적 이익을 극대화하기 위한 대량사육 시스템 속에서 발생하는 문제를 생각해보지 않을 수 없다.

미국의 경우 300㎠의 밀폐된 닭장에서 치킨을 만들 용도로 닭을 사육한다고 한다. A4용지 한 장이 500㎠인 것을 감안한다면 닭이 어떻게 사육되는지 상상할 수 있을 것이다. 병아리 때부터 부리를 자르고 끊임없이 항생제를 투여해서 키워내고 있다. 항생제 덩어리인 고기가 좋은 음식재료인가? 또 양어장에서 양식된 각종 수산물을 과연 좋은 음식재료라 할 수 있을까? 이러한 일이 발생하는 배후에는 과도한 육식문화가 자리하고 있다.

〈마하승기율〉 제19권에는 우타이 비구가 활로 새를 잡는 이야기가 나온다. 부처님께서는 우타이를 꾸중하며 '그대는 내가 한량없는 방편으로 살생을 하면 안 된다고 가르치고 살생하지 않는 이를 칭찬하는 것을 듣지 않았느냐?'라고 말씀하셨고, 고의로 살생하는 일에 대해서 설명하셨는데 '몸으로 짓눌러서 살생하는 것, 몸의 일부분을 사용하여 살생하는 것, 도구를 이용해서 살생하는 것이다.

또 축생을 죽이기 위해 칼과 약을 써도 안 되며, 토하거나 설사를 하게해서도 안 된다. 또한 뱃속의 생명체를 죽여서도 안 된다. 죽이기 위해서 주문을 외워서도 안 되며 올가미나 그물 등을 이용해 축생의 생명을 끊는 것도 모두 죄가 된다'고 하셨다. 이러한 가르침을 잘 받아 지키고 실천하겠다고 발원한 스님들이 조금 불편함이 있다고 해서 육식을 합법화하는 승가 내의 규범을 만들자는 주장은 설득력이 없다고 본다. 오히려 현대인이 고통 받고 있는 많은 질병이 육식 위주의 음식문화에 그 원인이 있고, 이러한 문제를 해소할 수 있는 대안의 음식문화가 바로 사찰음식이다.

개인적인 경험으로는 주변의 지인들에게 사찰음식점을 권해서 운영했으나 3년을 넘기지 못하는 경우를 종종 보았는데, 지역을 중심으로 몇 개 사찰이 후원을 해서 사찰음식점이 만들어지고 이러한 공간을 전국의 스님들과 불자님들이 그 지역을 방문했을 때 이용해 주는 분위기가 만들어진다면 어렵지 않게 음식점을 운영할 수 있고, 스님들도 따가운 눈총을 받지 않고 좋은 음식을 마음 편하게 먹을 수 있을 것이다. 조계사 앞에서 운영하고 있는 사찰음식점의 경우 그 주변에 근무하는 채식을 선호하는 많은 사람들이 이용하고 있는 것을 보면 그 가능성을 확인할 수 있다.

대승불교의 계율정신인 삼취정계를 바탕으로 음식문화를 생각해보면 살생을 통해서 얻어진 음식보다는 보다 적극적으로 채식을 실천함으로써 좋은 음식으로 건강을 챙기고 부정적인 인연 또한 만들지 않으며 비만이나 각종 성인병의 발생을 최소화 할 수 있는 것이다. 나아가 병으로 인해서 발생하는 사회적 비용을 최소화 하는 등의 효과까지도 생각해 볼 수 있다.

1사찰 1채식전문점이 운영되어 어렵지 않게 사찰음식점을 이용할 수 있는 분위기가 마련되는 일이야말로 불교가 할 수 있는 대표적인 사회적 순기능이 아닌가 생각해본다.

부처님이 권하신 음식을 먹고
권하신 방법으로 수행하는 일이
가장 빠르게 부처님처럼
될 수 있는 길이라면
마땅히 그 길을 가야하지 않겠는가?

수행자의 음식

요즘 들어 건강에 대한 관심이 높아지면서 각종 성인병을 줄이고 건강을 챙길 수 있는 음식문화로 사찰음식이 주목받고 있다. 비구니 스님들을 중심으로 사찰음식을 연구하고 보급하는 일이 활발히 진행되고 있는데 사찰음식의 정의는 오신채와 고기류 등을 사용하지 않은 채식위주의 음식이라 할 수 있다.

그러나 사찰음식이 현대사회의 음식문화가 갖고 있는 문제점을 해결할 수 있는 대안으로 관심이 집중되는 상황에서 고기를 먹는 일을 합법화 하여 드러난 곳에서 당당히 먹을 수 있게 되어야 한다는 견해도 적지 않은 것이 불교교단의 현실이다.

고기류의 경우 〈사분율장〉을 참고로 살펴보면 '자신을 위해서 죽인다는 것을 보았거나 들은 것, 또는 의심되는 것'을 먹지 말도록 했으며, 사람고기·말고기·뱀고기·개고기·코끼리고기 등의 다섯 가지 고기도 먹지 못하도록 금했다. 그밖에도 탁발을 할 때 고기 등이 들어간 좋은 음식(雜食)을 요구해서는 안 된다고 하였으나 탁발을 통해서 인연 맺은 음식은 고기나 생선 등이 들어 있어도 먹을 수 있도록 허용했다.

오신채의 경우도 비구니계목에 마늘을 먹지 말라는 계목이 나오는데 계목의 연기부분을 보면 마늘에 문제가 있어서 금한 것이 아님을 알 수 있다. 신심 있는 거사가 비구니 스님들에게 1인당 다섯 뿌리의 마늘을 가져가도 좋다고 했는데 너무 많은 마늘을 뽑아서 농사를 망치는 일이 생겼고, 이 사실을 부처님께 알려서 계목이 제정되게 된다.

〈범망경〉 보살계에서 오신채를 금한 모습과는 상당한 차이가 있다. 〈능엄경〉에서는 오신채를 생으로 먹으면 성내는 마음이 일어나고 익혀서 먹으면 음욕심이 치성해진다고 하신 내용이 있으나 율장에서는 이를 찾아보기 어렵다.

고기의 경우도 〈입능가경〉과 〈능엄경〉 등을 보면 고기를 먹는 일에 대해서 강하게 금하고 있으며 〈범망경〉 역시 마찬가지이다. 사분율에서 삼정육과 다섯 가지 고기 이외에 탁발로 구해지는 것은 특별히 금하지 않았는데 대승계나 대승경전에서 엄격하게 금하는 이유가 무엇일까? 이는 대승불교가 크게 유통되었던 지역의 기후조건과 풍토 등의 영향이 있다고 볼 수 있다.

남방불교는 탁발로써 먹는 문제를 해결하고 사찰에서 음식을 조리하지 않는 것이 일반적이지만 북방의 대승불교는 사찰 내에 공양간이 있고 이곳에서 음식을 마련하는데, 고기를 먹는 일을 금하지 않으면 많은 생명들을 사찰에서 죽여야 하는 상황이 발생할 수밖에 없게 된다. 이는 자비실천을 으뜸으로 하는 불교의 가르침과는 크게 상반된 모습으로 보일 수 있다.

율장에는 화정이나 조마탁정 등의 의식이 있다. 화정은 과일이나 채소 등을 불로 그을려서 죽은 음식재료로 만들어 수행자들이 먹게 하는 의식이고, 조마탁정은 새부리와 같은 뾰족한 물건으로 음식재료에 상처를 내서 상한 음식재료를 만드는 일이다. 이토록 풀 한 포기, 과일 하나까지도 상하지 않게 하고 원한을 지을 만한 일을 줄이려고 한 것이 부처님의 계율정신이다. 불가피하게 고기를 먹는 일을 허용했으나 권했다고 보기는 어렵다는 것을 이러한 모습을 통해 증명할 수 있다.

현실적으로 오신채와 고기가 들어가지 않은 음식을 사 먹기는 쉽지 않다. 그러나 채식 위주의 사찰음식점을 이용하는 사람이 많아지고 쉽게 음식을 만들 수 있는 식재료가 개발되면 채식문화도 보편화 될 수 있다. 부처님이 권하신 음식을 먹고, 권하신 방법으로 수행하는 일이 가장 빠르게 부처님처럼 될 수 있는 길이라면 마땅히 그 길을 가야하지 않겠는가?

수행자의 집

부처님께서 사셨던 그 시절엔 수행자들이 어디에서 살았을까? 초기에는 수하좌가 권장되었고 시간이 흐르면서 개인적인 수행 공간으로 건물을 짓는 것이 허용되었는데, 나무로 뼈대를 만들고 풀로 지붕을 덮는 정도의 간단한 건물이었다. 이런 집은 비바람에도 쉽게 무너졌고 나무꾼들이 가져가기도 하는 정도의 가벼운 것들이었다.

두타행을 위해서 대중과 떨어져서 수행하는 스님들이 거처하는 집을 아란야라고 부르는데, 우리나라 스님들이 토굴이라고 부르는 수행처의 원형인 셈이다.

율장에는 이러한 아란야를 지을 때 장소와 규모 등에 대하여 규정을 두고 있는데 어려움과 장애가 없는 곳이어야 한다고 말하고 있다. 이를 구체적으로 살펴보면 첫째, 어려움이 없는 곳은 사람들이 왕래하기 어려운 깊은 산속이나 도둑의 피해를 입을 수 있는 곳이거나 사나운 동물이나 독충에게 피해를 입지 않을 만한 곳이어야 하며, 산사태나 홍수 등의 자연재해로부터 안전한 곳이어야 하고 둘째, 장애가 없는 곳이란 수레를 돌려서 나올 수 있는 정도의 길이 확보된 곳, 국가나 외도나 주인이 있는 땅이 아닌 곳, 비구니나 탑에 속한 땅이 아닌 곳, 많은 사람들이 다니는 길을 막지 않은 곳, 물·돌·구덩이 등에 의한 위험이 없는 곳을 말한다.

　집을 지을 때에는 지나치게 규모를 크게 해서는 안 되는데 부처님의 손 뼘으로 길이는 열두 뼘이며 넓이는 일곱 뼘을 넘어서는 안 되는 것으로 규정하고 있다. 부처님의 한 뼘은 신장이 180cm 정도인 사람의 손 뼘을 기준으로 3배에 해당되는 길이이다. 이는 부처님의 신장이 1장 6척(480cm)임을 기준했을 때의 길이인데 약 60cm에 해당되며 오분율에서 두 척(60cm)으로 설명되는 것과도 일치한다. 이를 근거로 보면 아란야의 최대 면적은 길이 720cm와 넓이 420cm를 넘지 않아야 한다.

중국의 선종사찰 중 규모가 큰 곳을 총림이라 했다. 총림의 주지를 방장이라 했는데 방장이란 유마거사의 거처에서 유래되었으며 사방이 1장(丈·300cm)인 규모의 방을 말한다. 전통적으로 수행승의 방은 너무 크거나 협소해서도 안 되며 밝거나 어두워도 좋지 않다. 초심자의 경우 크면 산만하고 작으면 답답하고 밝으면 마음이 들뜨기 쉽고 어두우면 혼침에 빠지기 쉽기 때문이다.

이러한 전통이 잘 지켜졌던 한국이나 중국의 승방은 규모가 작고 검소한 것이 특징이다. 그러나 승방과는 달리 불전이나 강당 등의 공공건물은 규모도 크고 화려하며 장엄하게 지었는데 이는 부처님 당시부터 전해진 전통으로 기원정사나 나란타사 등의 유적을 통해서 확인할 수 있다.

오늘날 한국의 많은 스님들은 토굴을 갖고 있다. 또한 편리성을 추구하다 보니 아파트나 원룸 등의 공개되지 않은 토굴도 적지 않은 것이 현실이다. 이렇게 비공개로 사용되는 토굴이 자칫 청정성을 의심받는 상황을 만들 수도 있기 때문에 율장에서 권장하는 어려움이 없고 방해되는 일이 없는 곳을 지정해 주기를 대중에게 청하는 방식의 토굴공개는 반드시 필요한 조치이다.

또한 방사건도를 보면 삼층 이상의 벽돌집을 지었을 경우 그 건물을 사용할 수 있는 권한을 12년으로 하고, 그 이하의 건물은 사용권한을 한 철로 제한해서 사용하게 했는데 이러한 제도가 지금도 운용될 수 있다면 건물의 활용도를 높일 수 있고 더 짓지 않고도 필요한 일에 사용할 수 있을 것이다.

개인적인 용도의 건물을 크고 화려하게 짓거나 사용하지 않는 건물이 많은데도 자꾸만 짓게 된다면 삼보정재를 잘 쓰는 일이라 할 수 없고, 찬탄과 감동을 주는 일이 아닌 비난받는 일로 작용할 수도 있을 것이다.

객승과 객실문화

예전과 달리 안거가 끝나면 북통같은 큰 바랑을 메고 산문을 나서던 수행자의 모습을 찾아보기 어려운 세상이 되었다. 안거 중에 사용했던 대부분의 물건들은 택배로 보내고 간단한 짐만을 가지고 다니는 시대가 되었기 때문이다. 또한 만행 중에 스님들이 머물 수 있는 객실을 갖추고 있는 사찰도 이제는 찾아보기 어렵다.

　예전에는 걸망 하나 등에 지고 산천을 유행하다가 배가 고프거나 먹을 것이 필요하면 객승임을 밝히고 도움을 청하면 모든 문제가 해결되었는데 지금은 찾아보기 힘들다.

출가 이후에 기억되는 객승에 대한 몇 가지 기억을 더듬어 보면 문제에 대한 해답도 찾을 수 있을 것 같다.

80년대 중반에 도보로 전국을 만행할 때 마침 포항 오어사를 지나게 되었다. 법당에서 참배를 하고 울릉도에 가기 위해서 산내 암자인 자장암을 거쳐 포항 시내로 나가려 하였는데 법당에 참배를 마치자 감원 스님이 반갑게 차실로 안내해서 차를 대접하고 편안히 쉴 수 있도록 온갖 정성을 다했다. 하룻밤을 자고 감원 스님께 부담을 주기 싫어서 말없이 길을 떠났는데 5리를 지나서까지 객비를 가지고 와서 다음에도 꼭 들르시고 성불하시라는 덕담을 들려주시는 모습을 보며 승가의 일원이 되어 부처님 가르침대로 살아가는 일에 자긍심을 갖게 되었고, 스스로도 그렇게 살아야겠다는 다짐을 하게 되었다.

90년대 후반에 학림에서 화엄경을 공부할 때에 방학을 해서 부산으로 가는 밤 열차를 타고 가다가 평소 존경하던 사형 스님을 뵙고 싶어 새벽에 역에 내려서 이른 시간에 절을 찾았다. 종무소에 들러 주지 스님을 뵙고 싶다고 하니 소임을 보는 사미가 사전에 약속이 되어 있느냐고 묻고 가더니 1시간이 지나도 소식이 없었다. 그냥 갈까 하다가 그래도 만나고 가는 것이 좋겠다 싶어 주지 스님의 방 문을 두드렸더니 스님인 줄 몰랐다면서 객승이 온 줄 알았다고 미안해하는 모습을 보며 씁쓸한 마음을 떨칠 수가 없었다.

대계(大界)를 결계하고 화합하며 살아가는 승가를 현전승가라 한다. 현전승가의 대중은 결계 안에 들어온 청정성을 잃지 않은 모든 승가로 구성된다.

현전승가의 구성원이 되면 의무와 권한을 갖게 되는데, 각종 운력이나 갈마에 참여해야 하는 의무가 있고, 현전승가에서 베풀어지는 모든 공양을 받을 수 있는 권한이 있다. 이러한 승가 공동체의 모습은 대만이나 중국 본토에 있는 여러 사찰을 만행하다 자주 보았던 모습이다. 공양물을 평등하게 나누어 주고, 공양 올린 불자들을 큰 방으로 불러서 대중 스님에게 인사를 올리면 대중은 공덕을 찬탄하는 모습으로 의식이 진행되는데, 이는 율장에서 권장하고 있는 현전승가의 공양물 분배와 관리방법이다.

그러나 오늘날 한국불교에서는 이렇듯 여법한 모습을 찾아보기 어렵게 되었다. 여러 가지 사정과 인연이 작용해서 이런 안타까운 모습으로 틀을 갖추게 되었겠지만, 이러한 비법적인 모습이 개선되지 않고서는 한국불교의 밝은 앞날을 기약하기는 어려우리라 생각된다.

객승들이 객실에서 잠을 자지 못하고 여관이나 호텔에서 머무는 모습에서 승가의 자긍심을 찾기 어렵고, 객승을 푸대접하는 상황에서 토굴이나 사설사암이 음성적으로 만들어지고 여러 가지 부작용이 속출하는 일을 줄이기는 어려울 것이다.

객승 또한 상주대중에게 피해를 주지 않고 그 책임과 의무를 다하며 여법한 모습을 잃지 않을 때 객실이 다시 곳곳에 마련되고 객승을 부처님처럼 존중하는 모습이 우리에게도 가능해질 것이다.

주거房舍공간의
효율적인 사용

현재 총림이나 교구본사에 개설되어 있는 교육기관에는 지원자에 비해 방사가 부족해서 모두 수용하지 못하는 경우가 적지 않다고 하며 선원 또한 방부를 들이는 일이 쉽지 않다고 한다. 6·25 전란 이후에 전국의 많은 사찰이 복원되고 공간이 많이 넓어졌는데도 방사가 부족하게 느껴지는 이유는 무엇일까? 첫째, 과거에 비해서 공간을 넓게 사용하고 둘째, 건물을 효율적으로 사용하지 못해서가 아닌가 생각된다. 그렇다면 부처님 당시 수행처의 규모와 사용기준이 어떠했을까?

부처님께서 권장하셨던 수행처(아란야)의 크기는 부처님의 손 뼘으로 길이는 열두 뼘 이하로 하고 안 넓이는 일곱 뼘 이하로 규정하고 있다. 〈오분율〉을 기준으로 할 때 부처님의 한 뼘은 60㎝가 되는데 현재 보편적으로 사용하는 미터법으로 하면 방사의 길이는 7.2m가 되고 방 안의 넓이는 사방 4.2m 정도로 이를 면적으로 계산하면 약 5평 정도가 된다.

또한 스님들이 자신의 힘으로 아란야와 같은 독립된 수행공간을 만들려면 집을 짓기 전에 스님들을 청하여 집 지을 자리를 지정해 달라고 부탁을 해야 한다. 이때 부탁을 받은 스님은 어려움이 없는 곳[無難處]인지 장애가 없는 곳[無妨處]인지를 살펴서 집 자리를 지정해 주어야 하는데, 만약 이렇게 하지 않고 집을 지으면 승가바시사죄를 범하게 되어 비구 신분의 정지된 상태에서 참회를 하고 다시 출죄갈마를 해야 청정비구의 모습으로 회복할 수 있다.

중국의 선종사찰 가운데 규모가 큰 사찰을 총림이라 하고 이 총림의 주지를 방장(方丈)이라고 한다. 이 방장이라는 말은 유마거사의 거처인 부사의방에서 비롯되었다.

유마거사의 방은 사방 1장으로 지어져 있었는데 문수보살을 비롯한 수많은 대중이 문병을 왔을 때 모든 대중이 들어가도 방이 좁거나 부족하지 않았다고 한다. 총림에서는 이러한 유마의 방인 방장을 총림의 어른이 거처하시는 곳으로 이름하게 되었다. 사방 1장 크기의 방장과 부처님 손으로 일곱 뼘 크기의 방이 수행자의 방으로 적합한 크기인데 너무 크거나 밝으면 산만하고, 너무 좁거나 어두우면 또한 우울하고 무기력해질 수 있기 때문에 이러한 크기를 권장했다고 볼 수 있다. 개인적인 수행공간은 최대한 작고 소박하게 마련하여 그 안에서 무상심심한 깨달음을 구하고 일체중생을 모두 제도하기를 서원하며 처절하게 정진할 때 그 감동이 널리 전해지리라 생각한다.

둘째는 건물을 좀 더 효율적으로 사용할 방법이 없는가를 고민했으면 한다. 〈사분율장〉 방사건도에는 크고 좋은 이층 강당을 지었을 때 그 건물은 지은 사람이 12년 동안 사용할 수 있도록 하고, 그 이하는 90일에 한 번씩 방사를 배정받아 쓸 수 있도록 했다. 이러한 전통이 대중처소에서는 지금도 잘 지켜지고 있다. 선원에서는 안거를 시작할 때마다 방사를 배정받거나 큰 방에 앉을 자리를 배정받아 정진하고, 율원과 강원 등은 특별한 경우가 아니면 1년에 한 번씩 방사를 배정받아 사용하고 있는데 이는 옛 전통을 잘 지키고 있는 모습의 하나로 볼 수 있다.

그러나 개인적인 소유로 되어 있거나 소유권을 갖고 있는 소유주의 동의를 얻지 못해서 잘 활용되지 못하는 건물도 적지 않다. 수행자가 개인의 필요에 의해서 만든 개인적인 공간까지도 크고 튼튼한 3층 강당을 지었을 때 12년간 사용할 수 있는 권한이 있고 그 이하는 모두 사방승가의 소유물이기 때문에 현전승가가 90일마다 갈마를 통해 사용할 수 있는 권한을 부여하는 일은 건물의 활용도를 높일 수 있는 중요한 방법이다. 적어도 이러한 틀에서 자기 관리가 이루어진다면 필요 없는 것들을 쌓아두는 일이나 내 것이라는 애착을 가질 만한 소유물들을 상당부분 줄일 수 있고, 이렇게 만들어진 삼보정재는 보다 긍정적인 곳에 사용될 수 있을 것이다.

내가 마련했기 때문에 내 것이라는 생각도, 어렵게 누군가가 불사를 할 때 함께 힘을 합치지 않고 강 건너 불구경하듯 하다가 사찰이나 수행도량은 사방승가의 소유물이기 때문에 내 것이라는 등의 생각도 모두 화합승가의 바람직한 모습은 아니다.

좀 더 공심으로 불사를 하고 함께 힘을 합쳐서 불사를 성취하여 마련된 공간을 부처님께서 권장하신 모습처럼 활용한다면 수행과 교화가 보다 원만하게 성취될 수 있을 것이다.

스님들의 주거공간

　　스님들이 머무르며 수행을 하고 교화를 하는 공간을 흔히 사찰·암자·정사 등의 이름으로 부른다. 이러한 공간을 구성요건에 따라 크게 두 가지로 나눌 수 있는데 첫째는 승가공동체를 갖추어 운영되는 사원이고, 둘째는 3인 이하의 수행자가 모여 사는 아란야(阿蘭若)이다.

　　사찰은 여법한 갈마와 포살을 할 수 있는 조건을 갖춘 곳인데 4인 이상이 모여 사는 곳이다. 4인 이상이 모여 살 수 있는 공간에 대계를 결계하고 필요에 의해서 수계장·설계장·자자장 등의 공간과 정지와 정주 등의 소계를 결계해서 생활상의 불편을 해소해 가며 살아가는 곳이 사찰이나 사원이며 그 공간이 기본적으로 갖추어야 할 조건이다. 그러므로 〈사분율행사초〉에서는 대계를 결계할 수 있는 최소단위로 5인 이상이 들어갈 수 있어야 하고 최대 규모는 3유순 이하로 해야 한다고 규정하고 있다. 따라서 작은 규모의 암자라 하더라도 4인 이상이 거주하면 아란야라고 할 수 없고 절의 규모가 크더라도 그곳에서 살아가는 대중이 2~3인 정도이면 아란야의 성격을 벗어날 수 없다. 이러한 의미에서 보면 사찰의 격은 건물이나 영역의 크기만으로 결정되는 것이 아니라 청정여법승가의 구성요건을 갖추었는가, 아닌가가 중요한 요건이 됨을 알 수 있다.

부처님 당시의 초기 승가는 사의법을 의지해서 의식주 문제를 해결했는데 대표적인 주거문제의 해결방안은 수하좌(樹下坐)로 큰 나무 밑이나 동굴, 묘지 등을 의지해서 비바람을 피하며 수행하는 형태였다. 이러한 장소에서도 3일 이상을 머무르지 못하게 했는데 이는 머무는 자리에 대한 애착이 생길 것을 염려해서 생긴 제도이다.

이후 수행자의 수가 늘어나고 빔비사라왕 등의 국왕 및 거사, 장자 등이 귀의하면서 상주하며 정진할 수 있는 정사(精舍)가 지어지게 되었는데 죽림정사·기원정사 등이 대표적인 경우이다. 특히 최초의 사찰인 죽림정사의 경우 가란타 장자가 대나무 숲을 보시하고 빔비사라왕이 건물을 지어 승단에서 사용하게 했는데 이때 중요한 대화내용이 율장에 수록되어 있다. 빔비사라왕이 '이 정사를 부처님께 공양올립니다'하니 부처님께서는 '대왕이여, 그렇게 하면 안 된다. 이 숲과 정사를 부처님과 사방승가에 보시합니다라고 해야만 부처와 세상의 모든 승가가 사용하는 데 불편이 없게 된다'라고 바로잡아주는 모습이다.

아쉽게도 조계종 승가에는 이러한 제도에 대한 인식이 부족하다는 생각을 자주 갖게 된다. 즉, 불·법·승에 해당하는 각각의 공간과 물건이 있는데 이를 구별하지 않고 사용하다 보니 호용죄를 범할 위험에 늘 노출되어 있는 것이다.

부처님께서 입멸하신 후에는 사원이 크게 부처님의 사리탑을 모신 불지(佛地)와 스님들이 수행하는 장소인 승지(僧地)로 구분되었는데 후대에 와서 대장경 등을 모신 법지(法地)공간이 편입되어 불·법·승의 영역이 마련되었다. 부처님의 장례와 사리분배 및 봉안하고 공양하는 일을 재가신도에게 부촉한 인연으로 사리탑 역시 재가신도가 조성하고 관리하게 되었는데 지금도 미얀마에서는 불사리를 정부에서 관리를 파견하여 관리하는 모습을 볼 수 있다.

부처님의 사리를 모신 곳이나 각종 부처님의 성상을 모신 전각이 있는 불지영역의 건물은 화려한 조각과 채색이 장엄하게 이루어진 모습이지만 스님들의 수행영역은 소박한 최소한의 편의시설을 갖춘 구조로 되어 있다.

지금의 조계종 승가는 총림이나 본사급의 큰 사찰을 제외하고는 4인 이상이 상주하는 곳이 의외로 많지 않다. 대부분의 사찰과 포교당 등이 3인 이하의 승가가 모여서 살아가므로 위에서 언급한 내용을 근거로 볼 때 거처를 중심으로 본다면 별중이라 할 수 있고 여법한 갈마가 이루어질 수 없다. 그러므로 4인 이상이 모여서 여법한 갈마를 하며 원융산림이 가능한 사찰이 보편화 될 수 있도록 방안을 마련하고 삼보의 영역 및 특색 등을 살펴서 그에 맞는 불사를 하여 그 공간을 제대로 활용하는 일이 중요하다 하겠다.

우리가 메고 다니는 걸망에는
어떤 물건을 채워야 하며
큰 걸망인 승용차는 어떤 모습이어야 하며

어느 크기이어야만 사회적 비난을 받지 않고
수행에 어려움도 없이 살 수 있는
기준선이 될까?

걸망과
승용차

요즘은 보기 어려운 모습 중 하나가 안거를 며칠 앞두고 선원에 방부를 들이기 위해 찾아오는 객스님들이 등에 짊어지고 오는 북통같이 큰 걸망이다. 먼 길 찾아온 노고를 알기에 반갑게 걸망을 받아 객실까지 안내하여 편히 쉴 수 있도록 배려했고 서로가 고마워했다. 안거 동안에 필요한 가사와 장삼, 발우와 여벌의 승복까지 합치면 그 부피가 늘어날 수밖에 없고 여기에 비구로서 꼭 지니고 다녀야 하는 여러 가지 물건까지 더하게 되면 그 양은 더욱 많아질 수밖에 없다.

특히 경전이나 율장을 연찬하는 스님들은 그 물건의 양이 더욱 늘어나게 되는데 참고로 보는 각종 대장경과 관심 있는 분야의 연구서적까지 합치면 그 양은 더욱 감당하기 어려운 지경에 이르게 된다. 그런데 이러한 모습이 자동차를 소유하는 스님들이 많아지고 택배로 물건을 보내는 일이 가능하게 되면서 큰 걸망을 짊어지고 만행을 다니는 스님들의 모습은 찾아보기 어렵게 된 것이다.

교육기관에서 소임을 보며 살아가는 인연으로 가끔 세미나에 글을 발표하거나 참여하게 되는데 이때 함께 참석했던 학인 스님들이 논문집을 소중히 챙기지 않고 버리는 모습을 종종 보게 된다.

한 편의 글을 쓰는 일이 얼마나 힘들고 전문분야를 연구해서 새로운 성과를 발표하려면 먼저 연구한 자료가 얼마나 소중한지를 모르기 때문에 소홀히 여긴다고 생각하여 학인들에게 이유를 물어보니 대부분이 자료를 모으게 되면 보관할 장소가 없기 때문이라고 했다.

출가한지 오래되지 않은 대부분의 스님들은 수행 중에 필요한 물건들을 거처를 옮길 때마다 가지고 다니거나 보관할 장소를 마련하는 일이 쉽지 않다는 것이다. 이러한 문제는 부처님 당시나 지금이나 크게 다르지 않았던 것으로 보인다.

〈사분율장〉을 보면 유행(遊行)하는 스님들이 큰 걸망을 메고 다니는 모습을 보고 삼의(三衣)를 제정하게 된다. 이는 부처님께서 스스로 시험을 통해서 규정을 마련했는데 초저녁에 옷 한 벌을 입고 삼매에 드셨다가 밤이 깊어지자 추위를 느껴 옷 한 벌을 더 입으시고는 다시 새벽이 되어서 추위를 견디기 어렵게 되자 한 벌의 옷을 더 껴입으셨다. 이를 경험삼아 세 벌의 옷만 있으면 충분히 추위를 이겨내고 생활할 수 있다는 판단 하에 마련된 제도가 삼의를 늘 지니고 수행하게 한 일이다.

인도라는 당시의 기후조건과 현재 우리의 조건은 너무나도 다르며 풍습이나 가치관도 판이하게 다르다. 이러한 조건에서 불편함은 최소화하고 수행에 어려움이 없으면서도 수행자다운 모습을 잃지 않게 하려면 어떻게 해야 하는가를 고민하게 된다.

개인적인 경험으로는 출가 후 10여 년까지는 매년 몇 번씩 물건을 태워버리는 일을 했었다. 거처를 옮겨야겠다는 결정을 내리면 바로 걸망 하나 메고 떠나되 떠난 후에 지저분한 흔적을 남기지 말아야겠다는 생각이 강했기 때문이다. 그러나 꼭 그 방법만이 능사일까를 생각하다가 율장을 참고로 소유물을 관리하게 되면서 사소한 물건까지도 버리지 않고 모아두게 되었다.

버리지 않고도 부담스럽지 않게 살아갈 수 있는 방법은 인연 맺은 물건을 사용하고 나면 대중이 함께 쓸 수 있도록 하는 것이다. 책은 도서관에 기증하고 각종 자료는 잘 분류해서 자료관에 모아두는 방법이다. 개인을 중심으로 일어나는 일에 관한 자료들도 소중히 모아서 후대에 전해주게 되면 그 스님의 주변 일을 알 수 있게 되고 더 나아가 교단의 역사도 그 자료를 통해 확인할 수 있게 된다.

수행자 개인에게는 소욕지족하는 모습을 강조했으나 교단은 넉넉한 재정으로 수행과 교화에 필요한 여러 가지 일들을 어려움 없이 할 수 있어야 한다.

우리가 메고 다니는 걸망에는 어떤 물건을 채워야 하며 큰 걸망인 승용차는 어떤 모습이어야 하며 어느 크기이어야만 사회적 비난을 받지 않고 수행에 어려움도 없이 살 수 있는 기준선이 될까를 고민하게 된다.

개인은 부처님께서 강조하신 소욕지족의 정신으로 걸망의 부피를 줄이고, 교단은 구성원이 편리하게 사용할 수 있는 시스템을 좀 더 보완해서 한 물건도 버리지 않고도 자유롭고, 많은 것을 갖지 않고도 넉넉할 수 있는 모습이 실현되었으면 한다.

신발과 걸망

선원이나 율원, 강원과 같이 대중 스님들이 한 곳에 모여 사는 곳에 가면 가장 먼저 눈에 띄는 것이 댓돌 위의 신발이다. 하얀 고무신을 가지런히 벗어놓은 모습을 보면 정갈한 질서의 아름다움을 느낄 수 있다.

매년 사미·사미니계 수계교육에 참여하면서 교육 중에 늘 신발을 깨끗하게 빨아서 줄맞추어 벗어놓는 것을 강조하다 보니 꽃보다 더 아름다운 신발의 모습을 보게 된다.

사찰을 자주 찾는 사람들의 경우 댓돌 위에 가지런히 놓여 있는 하얀 고무신을 보면 출가자에 대한 감동과 존경을 갖게 된다고 한다. 조계종 정화 당시 조계종단 스님이 서울의 모 사찰을 정화하기 위해 해당 사찰에 들어갔을 때 사찰 측에서 불량배가 들어왔다고 경찰서에 신고했다고 한다. 신고를 받고 출동한 경찰이 댓돌 위에 가지런히 놓여 있는 스님의 신발을 보고 불량배나 폭력배가 아니라는 판단을 하여 더 이상 관여하지 않아서 정화불사를 성공적으로 마칠 수 있었다는 일화가 있다. 그러나 언제부턴가 대중처소에서 댓돌 위에 고무신이나 털신이 사라진 곳이 많아지게 되었다. 그 자리에는 스님들의 위의에 맞추어 만든 만행화가 놓여지거나 등산화가 자리를 차지하기도 한다. 특히 산행을 자주 하는 선원의 댓돌 위에는 등산화가 더 많이 놓여진 것을 보게 된다.

지난 2010년에 전국선원수좌회에서 간행한 〈대한불교조계종 선원청규〉에는 원만한 수행을 위하여 산행을 하고 운동을 할 것을 장려하고 있다. 그리고 '산행 시 복장을 여법하게 갖추어 위의에 손상을 입게 해서는 안 된다. 신발과 산행용품은 산행에 필요한 것으로 하되 지나치게 값비싼 것을 사용해서는 안 된다'라고 세부사항까지 규정하고 있다.

그러나 우리 조계종 승가의 모습을 보면 산행할 때가 아닌 도회지에 볼일을 보러가면서도 등산화를 신고 배낭을 메고 다니는 모습을 자주 보게 된다. 여기에 등산시에 쓰는 모자까지 더하면 공경스럽게 볼 수 있는 스님다운 위의와는 거리가 먼 모습으로 보이게 된다.

율장에 규정된 신발과 관련한 내용을 보면 가죽신이나 나막신을 신은 사람에게 설법을 하지 못하게 했고, 탑 안에 들어가거나 탑을 돌지도 못하게 하고 있다.

〈마하승기율〉 제31권에는 난타와 우바난타라는 제자가 황금가죽신(신발의 일부를 금으로 장식한 가죽신)을 신고 다니다가 세간의 비난을 받는 일화가 나온다. 그리고 너무 낡고 천해보이는 한 겹의 가죽신을 신은 스님도 세간의 존경을 받는 스님의 모습에 맞지 않다는 의견이 있게 된다. 그리하여 지나치게 화려하거나 지나치게 낡은 신발에 대해서 사용하지 말 것을 규정하게 되었다.

승가청규를 제정하는 모임에서도 수행자의 위의에 관한 많은 토론이 있었고 의제실무위원회에서도 승가의 위의에 대해서 연구하여 권장안을 마련하게 했는데 그 내용을 보면 '대중처소에서는 고무신, 털신 등 너무 비싸거나 화려하지 않은 신발을 권장하고 건강이나 여러 가지 사항을 고려해서 만들어진 만행화를 사용하도록 한다'라는 의견이 도출되었다.

이밖에 걸망이나 모자 등의 물건도 승가의 위의에 맞지 않는 물건을 사용하는 일에 대하여 대안을 마련해야 한다는 주장 또한 적지 않았다.

조계종단에서는 이러한 부분에 필요성을 절감해서 현재 가사의 경우 가사원에서 제작해서 색상이나 재질을 통일하여 사용하도록 제도화하였다. 이제 겉으로 드러나 다른 다양한 부분도 여법한 모습으로 권장안을 마련해서 사용하도록 해야 한다. 승복·신발·걸망·모자 등의 여러 가지 의제를 비난받지 않고 존경을 받으면서도 각자가 불편하지 않은 새로운 의제에 대한 고민이 절실히 필요한 시대라는 생각이 든다.

불편을 최소화하고 부담스럽지 않은 비용으로 위의에 맞게 권장안을 마련해 전 종도가 이용하게 해야만 그 부작용을 최소화할 수 있다.

수행과 교화에 도움을 주며 본인도 불편하거나 부담스럽지 않은 모습을 만들어 내는 일이 부처님의 가르침을 일반에게 전하는 중요한 방편임을 생각하면 그 필요성은 더욱 커지게 된다.

대덕 스님네는 들으소서. 아무개 비구가 죽었습니다. 그가 사용하던 의발·방석·바늘통·옷 넣는 그릇 등을 이곳에 살고 있는 현전 대중이 나누게 하겠습니다. 스님네께서 이의가 없으시면 승인하여 허락하소서. 간병하던 비구에게 주겠습니다. 이렇게 사룁니다.

사방승가와
현전승가의 물건

승가를 위해 기부한 시주물들은 어떻게 구분하고 관리했을까? 일체의 불교교단이 포함된 승가를 사방승가라 한다면 현전승가는 대계(大界)를 결계하고 그 결계 안에서 생활하는 독립된 승가를 말한다.

율장을 살펴보면 여러 시주물을 사방승물과 현전승물로 구분하여 관리하고, 승물 이외에 부처님과 법에 해당하는 물건도 시주자의 분명한 의사를 바탕으로 관리하였음을 확인할 수 있다.

최초의 사찰은 빔비사라왕이 시주한 죽림정사이다. 죽림정사를 교단에 기증할 때 '이 도량을 부처님께 공양 올립니다'라고 말하자, 부처님께서는 '이 도량을 부처님과 사방승가에 공양 올립니다'라고 바꾸어 말하도록 하셨다.

즉 부처님께 공양 올린 물건을 법을 위하여 사용하고, 법을 위해서 사용해야 할 물건을 승가를 위해서 사용하게 되면 호용죄를 범하는 일이 된다. 그러나 한국불교에서는 이러한 부분에 대해 따지고 이의를 제기하는 경우를 찾아보기 어렵다. 부처님께 공양 올린 정사를 대중 스님들이 아무런 조치 없이 사용하게 되면 남의 물건을 훔쳐 사용하는 일이 된다. 그러므로 사용할 때마다 합당한 갈마를 하지 않으면 호용죄를 범하게 되는 일을 피하기 어려우므로 부처님과 사방승가의 물건임을 확실히 하신 것이다.

부처님을 비롯한 사방승가가 사용하고 관리해야 할 물건은 토지·건물 등의 부동산이 주가 된다. 방사나 의자, 침상 및 오랫동안 사용할 수 있는 물건과 승가 내부에서 오랫동안 공동으로 사용하도록 한 일체의 물건도 사방승물에 포함되며 음식이나 의류나 발우 등의 개인에게 시주한 물건이거나 단기간에 소멸될 가능성이 높은 물건은 현전승물에 해당된다.

즉 건물, 토지 등은 개인에게 보시한 경우라도 사방승가에 귀속되며, 이밖에도 사방승가에 보시한 일체의 물건에 대한 소유권은 사방승가에 귀속되고, 개인에게 보시한 물건은 개인에게 그 소유권이 있다. 그러나 옷, 발우 등의 물건도 규정보다 많이 갖게 되면 범계행위가 성립되며 대중에게 내놓고 참회하는 등의 갈마를 받게 된다. 또한 여법하게 소유한 물건이라도 세연이 다해서 입적하게 되면 망승(亡僧)의 재산을 분배하는 기준에 따라서 사방승물과 현전승물로 구분해서 분배한다. 사방승물은 승단에 귀속시키고 현전승물은 현전승가에 상주하는 대중들이 분배해서 사용하는데, 물건 사용에 대한 우선권은 간병을 한 사람에게 있고 그 다음은 좌차대로 선택할 수 있다. 단 갈마를 하기 전에 사사로이 물건을 사용하게 되면 사방승가 개개인에게 훔치는 죄를 범하는 일이 된다고 엄중히 경계하고 있다.

그렇다면 현재 한국불교의 사방승물의 범주는 어떻게 되며, 여법하게 잘 관리되고 있는가?

한국불교는 전국의 수많은 사찰들과 그에 딸린 토지를 보유하고 있고, 불상·불탑을 비롯한 각종 장엄물과 문화재를 보유하고 있는데 이러한 모든 물건은 사방승물에 해당된다. 그러나 사찰의 사방승물을 개인의 소유물처럼 생각하고 살아가는 경우도 적지 않은 것 같다. 사방승물은 미래의 불교도들에게 전해주어야 할 승가의 공공자산이다.

사방승물은 한국불교 전체 승가의 소유물로서 종헌종법에 의해 철저하게 관리되어야 하며, 제도적으로 문제가 있다면 속히 보완하고, 교육을 통해 그 경계를 분명히 하며 관리기준을 명확하게 해서 실수를 범하지 않도록 해야 할 것이다.

망승亡僧의 소유물 처리법

얼마 전에 종무소에 3년 전에 모신 49재에 대한 기부금영수증을 발급해 달라는 요청을 해 왔다는 이야기를 들었는데 이 일로 인해 3년 전에 있었던 안타까운 일을 다시 생각하게 되었다.

당시 율원대중으로 정진하던 스님이 병이 악화되어 입적하게 되어 입적사실을 유족에게 알리고 장례를 치르게 되었으나 안타깝게도 그 스님의 속가인연은 모두가 불교와 인연이 없는 분들이어서 장례 및 49재 등을 모시는 데 흡족하게 진행되지 못해 아쉬움이 있었다.

특히 입적한 스님의 유품을 정리하는 모습을 옆에서 지켜보니 주요한 관심은 스님이 남기고 간 통장이나 현금 등 재산에 집중되어 있었고 그 밖의 삶의 흔적과 수행의 성과 및 추억이 될 만한 사진이나 여타의 유품에 대해서는 관심조차 없어보였다.

스님의 투병 중에 도움이 되었으면 하는 마음에서 대중 스님들이 적지 않은 치료비를 모아서 드리기도 했는데 장례를 마치고 유품을 정리해 보니 남겨진 유산이 적지 않아 좀 더 적극적으로 치료를 했으면 좋았을 거라는 아쉬움도 남았다.

사망자의 유산에 대한 권한이 친족에게 있기 때문에 속가친족이 그 유산을 모두 가져가는 상황이 되었고, 유족들에게 그동안 스님이 살아온 과정이나 유산이 만들어지게 된 여러 가지 사정들을 설명하면서 49재라도 여법하고 정성스럽게 모셔드리고 영가가 생전에 하고자 했던 의미 있는 일을 했으면 한다고 권하여 결국 49재를 모시긴 하였으나 그리 흡족하지는 못하였다.

그런데 3년이 지난 후에 유족들이 49재 비용에 대한 기부금영수증을 요구하는 모습을 보면서 율장을 통해 '부처님 당시 입적한 스님들의 유산관리는 어떻게 했는가?'라는 내용을 정리해 보게 되었다.

〈사분율장의건도(衣揵度)〉부분을 보면 망승의 재산을 처분하는 방법이 설명되어 있다. 유산으로 남겨진 물건 가운데 부동산이나 값비싼 품목들은 사방승가에 귀속되고 의발·방석·바늘통·옷 넣는 그릇 등의 사소한 물건들은 현전승가의 대중이 나누어 쓸 수 있도록 했는데, 이때 의발 등을 가질 수 있는 우선권은 병간호를 한 스님에게 있다. 이때 간병을 한 비구라 해서 임의대로 의발을 가질 수 있는 것이 아니다.

반드시 갈마하는 소임자를 뽑아서 망승의 유물을 나누는 갈마를 해야 한다.

"대덕 스님네는 들으소서. 아무개 비구가 죽었습니다. 그가 사용하던 의발·방석·바늘통·옷 넣는 그릇 등을 이곳에 살고 있는 현전 대중이 나누게 하겠습니다. 스님네께서 이의가 없으시면 승인하여 허락하소서. 간병하던 비구에게 주겠습니다. 이렇게 사룁니다."

이러한 형식으로 갈마를 해서 간병인에게 우선 나누어 주는데, 혹 갈마하기 전에 물건에 대한 욕심이 있어서 사사로이 취하게 되면 사방승가의 일체 스님들에게 낱낱이 도적질을 한 것이 된다고 엄하게 경계하고 있다.

그러나 우리 불교교단의 현실을 보면 이러한 형식의 갈마가 이루어지는 경우는 찾아보기 어렵고, 앞서 설명한 사례처럼 단지 친족이라는 이유로 생전에 왕래가 거의 없었음에도 그 유산에 대한 권한이 주어지다 보니 삼보정재가 유실되고 신심으로 시주한 이들에게 실망감을 주게 되기도 한다.

수십 년에 걸쳐 원력을 세워 진행하던 일을 본인이 마무리를 하지 못하고 입적했을 때 신심 없는 친족으로 인해 여법하게 회향되지 못하기도 하고 심지어는 장례와 추모다례까지 못하는 경우도 발생하고 있다. 이러한 사정을 보완하기 위해 종단에서는 사후재산기증에 대한 서약을 종법으로 정해 시행하고 있다. 특히 시행초기에는 총무원 재무부나 교구본사에 기증하도록 했던 규정을 말사나 말사에서 설립한 법인까지도 가능하도록 보완해서 시행하고 있다. 이러한 제도에 적극적으로 동참해서 삼보정재가 유실되지 않고 평생의 수행이력을 잘 회향하는 방법으로 활용되었으면 한다.

대승보살계에서 중요시했던 판단기준은
'중생을 이익 되게 하는가?' 이다.
중생의 행복을 위한 배려와 실천이
스스로의 불성에 감추어져 있는 부처님의 지혜 덕상을
온전히 계발해서 자기 것으로 활용하는 최선의 수행이며
교화임을 생각하고 대승보살 불자로서의 삶을
크게 기뻐하며 적극적으로 실천하는 일이 중요하다.

계율이야기 ❹

계율정신의 확장과
삶의 향기

성문계와 대승보살계의 차이

　수계를 통해서 그 계품에 맞는 신분이 이루어진다. 구족계를 받음으로 해서 비구·비구니의 신분이 만들어지고, 사미계를 받음으로 해서 사미·사미니의 신분이 만들어진다. 삼귀오계를 받음으로 인해서 부처님 제자가 되며 보살계를 받음으로 인해서 보살신을 증득하고 보살의 지위에 오르게 된다. 이처럼 수계로 인해서 받은 바의 계품에 맞는 지위가 만들어지고 파계로 인해서 그 신분과 지위가 훼손되고 없어지게 된다.

　수계의식을 통해 계체(戒體)가 이루어지게 되는데, 계체는 지계자의 신분을 유지하느냐 파계자의 신분으로 떨어지느냐의 중요한 조건이 된다. 계를 범하면 계체가 깨져버리는 계목을 성계(性戒) 또는 중계(重戒)라고 하며, 성계가 깨어지는 것을 막아주는 울타리와 같은 역할을 하는 것을 차계(遮戒), 또는 경구계라 한다.

성계의 경우 성문계는 바라이에 해당되는데 범하게 되면 비구·비구니의 신분을 잃게 되며 이 몸으로 다시는 구족계를 받을 수 없는 상황이 된다. 그러므로 비구에 한해서 여섯 번까지 사계가 가능하고 일곱 번까지 구족계수계를 허용해서, 받은 바의 계를 바치고 세속적인 생활을 하다가 다시 출가해서 구족계를 받게 하는 제도를 시행했었다.

그러나 대승보살계의 경우는 바라이를 범했을 경우에 불보살님의 성상 앞에서 기일을 정하고 참회정진을 해서 호상(好相 - 불보살님이 빛을 비추어 주거나 머리를 쓰다듬어 주는 일)을 보게 되면 보살계체가 복원되어 보살신분이 다시 원만하게 된 것으로 본다.

그 밖의 차계를 범함에 있어서는 성문계는 승잔죄의 경우 7일간의 참회를 여법하게 하고 20명 이상의 비구대중 앞에서 그 참회에 대한 인정을 받아야 출죄(出罪)가 인정되고 청정비구의 신분이 회복되며, 사타죄의 경우에는 물건을 내놓고 일정 숫자 이상의 대중에게 참회를 해야 범계가 소멸되어 청정성을 회복하게 된다. 그 밖의 범계사항도 참회에 필요한 세부적인 기준이 분명한 것이 성문계의 특징이다.

그러나 대승보살계는 스스로 불보살님 성상 앞에서 참회를 하고 호상을 보면 참회가 이루어지는 특징이 있다.

수계방법에 있어서도 현격한 차이가 있는데 성문계는 비구·비구니의 경우에 구족계 수계를 여법하게 하고 지계에 문제가 없으며 계율에 밝은 10하 이상의 승랍에 해당되는 스님 10명 이상의 증명이 있어야 수계가 성립된다. 단 변방이어서 10명을 구하기 어려운 경우에 5명 이상으로 수계할 수 있도록 허용한 내용이 〈피혁건도〉 가운데 수록되어 있다. 그러나 대승보살계의 경우는 수계법사 인원에 대한 절대적인 규정이 없으며 100리 안에 보살계를 수계해 줄 법사가 없을 때에는 서상수계도 가능한 것으로 규정되어 있다.

서상수계를 받은 대표적인 사례는 조선말에 하동 칠불암에서 대은스님과 금담스님이 지계정신이 희미해진 승단의 모습을 보고 계율정신의 선양을 발원하여 7일 간의 정진 끝에 서상수계를 받았다는 일화가 있다.

중국의 경우 명나라 말기에 고심여형율사가 계율정신을 선양하기 위해 오대산을 참배하고 묘덕암에서 정진하던 중에 오대산의 다섯 봉우리에서 빛이 솟아오르며 그 빛 속에서 문수보살이 손으로 정수리를 만져 주자 마음이 환히 열리게 되어 중국불교의 계율정신을 부흥시키는 중요한 역할을 하게 되었다 한다.

그 후 독체견월 등이 그 뒤를 이어 남경 융창사와 북경 법원사 등의 사찰에서 계율을 연구하고 전계를 하는 등의 일들이 가능하게 되었다.

이렇듯 성문계와 대승계는 그 수계방법과 참회방법에 차이가 있다. 그러나 계체를 유지하는 일이 대·소승을 막론하고 대단히 중요한 일임에도 불구하고 계율교육의 부족으로 인해서 이를 가볍게 여기는 경우가 적지 않은 것이 우리의 현실이다.

수계를 통과의례 정도로 생각하고 계율은 율사 스님이나 지키는 것으로 생각하는 일부 스님들의 계율관은 계체에 관한 이해가 부족하기 때문에 갖게 된 부정적인 모습이라 생각된다.

전체 종도들은 계율을 의무적으로 실천하고 지켜야 하며 율사는 계율에 밝아서 각종 갈마를 여법하게 할 수 있는 스님들을 지칭하는 것으로 그 개념을 확실히 하는 것이 참으로 필요한 시대인 것 같다.

대승보살계의 정신

한국불교는 대승불교를 존중하고 실천하는 대승불교권에 속한다. 그런 까닭에 대승보살계는 대단히 중요시되었고 지금도 상당수의 사찰에서 매년 보살계산림을 봉행하고 있으며, 수천 명이 수계산림에 동참해서 수계를 하고 지계바라밀의 실천을 다짐하기도 한다.

현재 한국불교에서 주로 수계하는 보살계법은 범망경보살계법이다. 재가인만을 수계대상으로 하는 우바새계경보살계가 시도되기도 했으나 주류로서 정착되지는 못했다고 볼 수 있다.

범망경보살계는 10중대계와 48경구계로 이루어져 있다. 이들 계목들을 꼼꼼히 살펴보면 대승보살도를 발원한 사람은 세상의 모든 존재 앞에서 상냥하고 친절하게 살아가기를 권장했고, 자비롭고 부드러우며 깨우침의 세계로 인도하는 유익한 언어생활을 권장했으며, 자신을 보호하기보다는 남을 먼저 생각하며 그들의 행복과 이익을 위해 적극적으로 자비를 실천할 것을 강조하는 내용으로 이루어져 있다.

그러므로 대승보살계는 성문계에서 강조했던 스스로를 단속하고 철저하게 자신을 통제해서 수행에 전념하고, 세간의 비난을 받지 않으려 했던 모습과는 다른 모습으로 자리 잡게 되었다. 이는 혼자서만 지키는 규율이 아니라 자신이 속한 사회 속에서 실천할 수 있는 보편적 윤리를 중시했다고 볼 수 있다. 이러한 계율정신의 변화는 불교와 인류의 역사 위에서 모두의 행복을 위한 자비의 윤리로 그 역할을 하게 되었다고 할 수 있다.

대승보살계에서는 중기대승계에서 삼취정계의 실천을 강조했는데, 섭율의계는 승속의 구분 없이 누구나 갖고 있는 도덕적 개념과 수행자 집단의 성스러운 영역으로 분류되었던 승가의 규율을 조화롭게 적용시켜 만들어졌다.

특히 대승보살계의 율의계는 초기대승불교에서 십선계를 주요 실천덕목으로 했던 점과는 다르게 10중대계와 48경구계라는 많은 계목이 명시되고 있으며, 마침내 '율의계는 모든 보살이 수지해야 할 칠중(七衆)의 별해탈율의(別解脫律儀)이다'라고 〈유가사지론〉을 통해서 설명하고 있다. 이는 비구·비구니계와 식차마나니, 사미·사미니계에 다시 재가의 우바새·우바이의 계까지를 모두 합쳐서 보살의 율의계를 삼았다는 뜻으로 볼 수 있다. 그러므로 보살계의 섭율의계는 불교교단의 전 구성원이 지켜야 하는 계와 율이 모두 포함되었다고 할 수 있으며, 율의계에서 이러한 변화를 모색했던 이유나 시대상황을 면밀히 살펴볼 필요가 있다.

섭선법계는 율의계에서 경계하고 힘써 실천할 것을 권장했던 내용을 보다 적극적으로 실천할 것을 강조한 것이다. 10악(惡)을 10선(善)으로 바꾸는 일을 적극적으로 실천하고, 자신의 욕망을 내려놓기 위하여 절을 하고, 어리석음을 분명히 알기 위하여 법회에 참석해서 법문을 듣거나 삼장을 연구하기도 하며, 참회를 위해 보름마다 봉행하는 포살을 하고, 늘 깨어있는 상태를 유지하기 위하여 참선을 하고 염불을 하며 명상을 하는 등의 여러 가지 실천을 하는 것이 선업을 증장시키는 일이 된다.

특히 육바라밀의 실천이 보살도를 완성하는 최선의 방법으로 강조되었고, 선방이나 법당 안에서의 수행만이 아니라 시정 가운데서, 일상생활 가운데서 늘 바라밀을 실천하는 일이 최선의 수행임을 강조했다고 볼 수 있다.

마지막으로 요익중생계는 대승불교의 핵심사상이라 할 수 있으며 사섭법을 실천하는 것은 요익중생계를 지키는 일이 된다. 일체중생을 이익되게 한다는 정신은 스스로의 한계와 대립과 갈등의 벽을 허무는 대단히 중요한 가르침이다.
 나의 이익을 위해 다른 사람의 이익을 침해해서는 안 되며 타인의 이익을 위해 자신의 목숨까지도 아끼지 않는 모습으로 대승보살의 본보기를 제시했다.

 대승보살계에서 중요시했던 판단기준은 '중생을 이익되게 하는가?'이다. 중생의 행복을 위한 배려와 실천이 스스로의 본성에 감추어져 있는 부처님의 지혜 덕상을 온전히 계발해서 자기 것으로 활용하는 최선의 수행이며 교화임을 생각하고 대승보살 불자로서의 삶을 크게 기뻐하며 적극적으로 실천하는 일이 중요하다.
 보살불자 각각의 깨달음이 사회를 크게 변화시키는 모습으로 나타날 때, 부처님의 가르침이야말로 이 시대의 문제를 해소하는 최고의 진리라는 생각에 모두 공감하게 될 것이다.

대승십선계
大乘十善戒

 십선계는 신업(身業)으로 짓게 되는 살생·투도·사음의 세 가지와 구업(口業)으로 짓게 되는 망어·양설·악구·기어의 네 가지와 의업(意業)으로 짓게 되는 탐욕·진에·사견(우치)의 세 가지로 이루어져 있다. 이러한 십선에 대한 말씀은 테라바다 계통의 많은 경전과 대승불교의 다양한 경전에서 설해지고 있으나 그 내용에는 다소의 차이가 있다.
 〈중아함경〉 가운데 〈중아함업상응품가미니경〉에는 '열 가지 착하지 못한 업의 길이 캄캄하여 캄캄한 과보가 있으므로 자연히 아래로 내려가 반드시 악취에 이르고… (중략) … 열 가지 착한 업의 길은 스스로 밝음으로 밝은 과보가 있어서 자연히 위로 올라 반드시 선처에 이른다'라고 말씀하셨는데, 보시·지계는 생천지법(보시와 지계는 천상에 태어나는 방법이다)이라는 내용과 같다.

〈잡아함경〉에서는 십선업 가운데 의업인 탐욕·진에·우치를 뺀 일곱 가지의 계목을 언급하고 있는데 이를 칠성계(七聖戒)라 한다. 십악 가운데 신업과 구업의 일곱 가지를 계로 하고 여기에 불·법·승을 더하여 사불괴정(四不壞淨)을 설명하고 있는데 이러한 내용이 보살계에서는 사불괴신으로 표현되어 수계자가 받게 된다.

초기 대승불교 시대에 중요시되었던 경전은 반야부 계통의 경전으로 이 가운데 〈미륵보살소문경론〉에 성취행심(成就行心)으로서의 멀리 살생을 여의는 것[遠離殺生]으로부터 원리기어(遠離綺語)까지의 칠지(七支)를 설명하고 있는 경우도 있으나 〈소품반야바라밀경〉에서는 '수보리야, 아유월치보살은 스스로 살생하지 아니하고 내지 남에게도 사견을 행하지 못하도록 한다. 이 십선도는 몸소 스스로 항상 실천하고 또한 남에게도 실천하도록 가르친다. 이 보살은 내지 몽중이라도 십불선도는 행하지 아니하고 항상 십선도를 행한다'라고 십선계를 강조하고 있다.

또한 〈마하반야바라밀경〉 권제2에도 '보살마하살이 초발심으로부터 아유월치의 지위에 이르기까지 항상 십선도를 버리지 말아야 한다 … 사리불아, 이러한 까닭으로 보살마하살이 반야바라밀다를 행할 때 몸과 말과 뜻에 깨끗하지 아니함을 망령되이 일으키지 않느니라'라고 십선계를 설명하고 있다.

  큰 흐름으로 보았을 때 아함에서 주로 신·구에 해당되는 칠성계를 강조했다면 대승의 반야에서는 신·구·의 삼업이 모두 강조된 십선계로 권장되었다고 볼 수 있다.

  한편 〈화엄경〉의 십지품 중 이구지에서도 십선계를 강조하고 있는데 중기 대승불교를 대표하는 〈화엄경〉에서도 십선계가 중요시 되고 있고, 〈화엄경〉의 십지품 중 '이구지'에서 십선계를 강조하고 있고, 특히 〈화엄경〉에서는 삼취정계를 보다 적극적으로 실천하고 활용하도록 강조한 경우로 볼 수 있다.

  〈화엄경십지품〉의 이역인 〈점비일체지덕경〉에서는 '십악을 버림으로써 십선을 건립하고 또한 다른 사람에게도 권하여 십선에 머물게 한다'라고 설명하고 있으며, 〈화엄경이구지〉에서는 '성품이 스스로 일체의 살생을 멀리 여의어 칼과 몽둥이를 비축하지 아니하고 원한을 품지 아니하며 부끄러워 할 줄 알아 인덕과 용서를 갖추어 일체 중생의 목숨이 있는 자에게 항상 이익을 주려는 자비로운 마음을 일으켜 오히려 악한 마음으로 중생을 괴롭히지도 아니하는데 어찌 하물며 다른 생명에게 중생의 생각을 일으켜 짐짓 살해를 행하겠는가?'라고 십선을 구체적으로 설명하고 있고, 투도·사음과 사견에 이르기까지도 상세한 설명을 하고 있다.

　이처럼 초기·중기 대승불교시대에는 십선계가 강조되었는데 아함을 중심으로 하는 칠성계와는 큰 차이가 있다. 대승계는 십선계가 중심이 되고 십선계는 뜻으로 짓는 탐욕·진에·우치가 중요시되는 특징이 있다. 그러므로 지키기 어려운 점도 있지만 뜻으로 미세하게 일어나는 번뇌를 단속하여 몸과 입으로 범하기 전에 알아차리고 스스로를 단속한다면 그 활용도가 높다고 볼 수 있다.

　대승보살도를 강조하는 한국불교에서 대단히 소중하게 생각해야 할 계율전통이 십선계이고, 십선계의 실천을 통해 보살도를 완성하는 일이 지혜로운 불자들이 깨달음을 성취해 나아가는 최상의 방법이 될 것이다.

보살계법을 통해서
보다 적극적으로 선행을 실천하고
일체중생을 이익 되게 하는 일이야말로
붓다의 깨달음을 긍정적인 사회변화를 위해
활용할 수 있는 좋은 방법이다.

대승계와 보살계

매년 음력 3월이 되면 통도사, 쌍계사를 시작으로 많은 총림과 본사에서 보살계수계산림을 봉행하고 있다. 이들 사찰 중에는 보살계 수계법회에 많게는 삼천 명 이상이 동참하기도 하고, 매년 동참하여 20회·30회를 빠지지 않고 참여하는 불자들도 적지 않다. 수계산림을 통해서 보살계에 대한 설명(설계)을 듣고 보살불자로서의 삶을 깨닫고 실천의 중요성을 절감하기도 한다.

한국불교는 단일계단이 운영되기 이전에도 통도사를 비롯한 여러 사찰에서 보살계산림이 봉행되었고 보살계산림 중에 덧붙여 구족계수계가 이루어지기도 했던 점으로 미루어 보아 절대적인 영향을 미친 것이 사실인 것 같다. 이처럼 한국인의 정서에 깊게 배어 있는 보살계 정신은 어떤 근거로 이루어진 것이고 또 이를 어떻게 활용하는 것이 바람직한지 고민해 볼 필요가 있다고 생각한다.

불교사적으로 볼 때 근본불교시대와 부파불교시대를 거치면서 대승불교 운동이 활발하게 이루어지게 되었는데, 초기 대승불교시대에는 〈반야경〉이 유통되고 여기에서는 십선계 정신이 강조되었다.

십선계는 십불선업을 짓지 않고 십선업을 짓는 것으로 살생·투도·사음·망어·기어·양설·악구·탐·진·치의 열 가지 일을 하지 않는 것이다. 살생하지 않는 일에서 그치지 않고 방생을 열심히 실천하고, 도둑질을 하지 않는 일에서 그치지 않고 보시행을 열심히 하는 방법 등을 권장했는데 이러한 가르침이 중기 대승불교시대가 되면서 삼취정계의 개념으로 발전하게 된다. 〈화엄경십지품〉가운데 제2지인 '이구지'에 삼취정계의 개념을 잘 설명하고 있다.

삼취정계는 섭율의계·섭선법계·섭중생계인데 섭율의계는 '십불선업을 짓지 않겠습니다'라는 다짐을 하고 이를 범하지 않기 위하여 노력하는 내용이 주가 된다. 그러나 섭선법계는 보다 적극적으로 십선업을 실천하는 일로써 중요한 실천덕목으로 삼는다.

섭중생계는 요익유정계라고도 하는데 중생을 이익 되게 하는 여러 가지 실천이 권장되고 있으며 사섭법을 실천하는 일이 중요한 방법으로 권장된다. 이러한 내용의 대승계법은 각종 대승경전에 언급되어 있다.

'대승보살계'는 중기 대승불교시대를 지나면서 구족계와 같은 보다 구체적인 계목과 실천윤리를 가진 계율정신의 필요를 느끼게 되는데 초기 대승불교가 재가중심으로 이루어졌다면 중기 이후에는 출가중심으로 대승계운동이 진행되면서 구족계와 같은 바라제목차를 갖춘 계법이 유행하게 된다.

대승보살계는 현재 '범망경보살계'와 '유가론보살계', '우바새계경보살계'의 세 가지 방법이 전해지고 있다. '범망경보살계'는 한국불교에서 가장 널리 유통된 보살계법으로 10중 48경구계로 이루어져 있다.

중국의 경우 천태지자대사의 〈범망경의소〉와 화엄종의 현수법장스님이 저술한 〈범망경보살계본소〉 등의 많은 저술들이 유통되면서 가장 널리 유통된 보살계라 할 수 있으며 신라에서도 원효스님, 의적스님, 태현스님 등 많은 스님들이 보살계에 대한 저술을 남겼고 신라영역을 중심으로 범망경보살계법이 널리 활용되었다.

'유가론보살계'는 〈보살지지경〉과 〈보살선계경〉 등을 바탕으로 만들어진 보살계법인데 4중 42범사로 이루어져 있으며 '우바새계경보살계'는 〈우바새계경〉에 수록되어 있는 보살계법으로 6중 28범사로 이루어져 있고 특히 재가자만이 받을 수 있는 보살계법이다. 이러한 세 가지 종류의 보살계법을 대승보살계 혹은 보살계라고 한다.

대승계는 대승경전에 수록되어 있는 십선계에 관한 내용이 주가 되는데 이러한 내용을 수록하고 있는 모든 경전을 대승계경이라는 이름으로 분류하며, 보살계는 〈범망경〉, 〈보살지지경〉, 〈보살선계경〉, 〈우바새계경〉을 근거로 유통된 보살계법이다.

이러한 보살계법을 통해서 보다 적극적으로 선행을 실천하고 일체중생을 이익 되게 하는 일이야말로 붓다의 깨달음을 긍정적인 사회변화를 위해 활용할 수 있는 좋은 방법이며, 보살의 안목을 갖추고 보살신을 증득한 능력자임을 자각하며 삶을 살아갈 수 있는 보살불자를 배출하는 보살계산림이야말로 이 시대를 위해 지대한 역할을 할 수 있다 하겠다.

율장과 청규

얼마 전 조계사전법회관에서 결사추진본부 주관으로 승가청규에 대한 좌담회가 있어서 참여하게 되었다. 이날 좌담회의 주제는 '승가청규 실천과 미래 승가상'으로 청규내용이 생활화·대중화·사회화 되도록 하는 일과 미래사회의 승가상과의 관계에 대한 의견을 나누는 자리였다.

돌이켜 생각해 보면 승가청규위원회를 구성할 때 청규제정에 대한 의견을 묻는 인터뷰에서 반대의견을 말한 적이 있었다. 그 이유는 율장교육이 부실한 상태에서 청규가 만들어진다 해도 잘 지켜지기 어렵기 때문에 우선적으로 계율교육에 더욱 힘쓰는 것이 바람직하다는 생각에서였다. 결국 청규를 제정해야 한다는 의견이 많아 제정위원회가 구성되어 작업을 시작하게 되었고 참여여부를 고민하던 중 율장과 청규와의 바람직한 관계를 승가청규에 반영해야 한다는 생각에 참여를 결정하였다.

승가청규 제정에 앞서 조계종 선원청규가 제정되었고 그 준비과정에서 몇 차례의 세미나를 하면서 놀랐던 것은 상당수의 발제자와 논평자가 청규와 율장이 크게 관련이 없는 것으로 생각하고 있다는 사실이었다. 이를 지켜보면서 율장을 제정할 당시의 지역적인 종교에서 세계적인 종교로 교세가 커져가면서 불가피하게 소소계에 한해서 보완해 사용하게 한 것이 청규이므로 승가청규에서는 이러한 내용이 반영되어 만들도록 해야 한다는 생각을 하게 되었다.

율장을 통해 청규제정의 근거를 살펴보면 몇 가지를 언급할 수 있는데 수방비니(隨方毘尼)·보청·정법·승제 등을 그 예로 들 수 있다.

수방비니는 율장의 피혁건도에서 그 내용을 찾을 수 있는데 산세가 험한 지역에서는 여러 겹으로 만든 가죽신을 신을 수 있도록 허용하는 부분과 구족계를 받기 위해서 필요한 삼사칠증의 10인의 화상을 5인으로 허용해 달라는 의견에 대해서 허락한 부분이다.

보청은 율장에서 비구가 땅을 파서 벌레를 상하게 하는 일을 금하고 있는 것(90바일제 중 굴지계)을 보청법이라는 제도를 만들어 전 대중이 보청에 동참하는 것으로 총림개설의 바탕을 마련하고, 수행과 점검의 방편으로 활용했다는 점이다.

정법은 대계 안에 음식물을 쌓아두고 먹을 수 없고 음식을 조리할 수 없도록 제도화 했던 율장의 내용을 생존을 위한 방법으로 바꾸어 적용한 경우로 정지·정주·정법 등이 그 내용에 해당된다. 음식재료를 쌓아두는 곳으로 정지라는 공간을 소계로 결계했고 음식을 끓일 수 있는 공간으로 정주는 두었으며 각종 정법을 통해서 살아있는 채소나 과일 등을 죽은 채소나 과일로 바꾸는 의식을 행했는데 화정·조마탁정 등이 그 예이다.

다행스럽게도 청규제정 초기부터 율장정신과 청규제정의 원칙 등을 최대한 반영하려는 노력을 계속했고 이것이 많이 반영되어 승가청규가 만들어졌으며 여기에 대승계 정신까지 폭넓게 수용해서 청규제정이 이루어지게 되었다.

이후 청규 관련 각종 세미나에서도 율장정신의 반영과 소소계에 한해서 청규제정의 원칙을 준수해야 한다는 의견이 많아지게 되었다. 이러한 여러 가지 근거를 충실히 반영하고 여기에 대승계에서 중요시하는 삼취정계의 섭선법계와 섭중생계 정신까지도 폭넓게 반영시킨 결과물이 바로 승가청규이다.

다양한 활용방법을 모색해서 청규가 사장되지 않도록 해야 하며 계율정신을 더욱 소중히 여기고 실천하는 데도 도움이 되었으면 하는 마음이 간절하다.

시간이 흐를수록
향긋한 삶

　　　　　　　매년 음력 6월 27이면 통도사에서는 홍법스님의 추모다례를 모신다. 올해는 38주기 추모다례를 모셨는데 짧게 살다 가신 스님의 삶의 향기가 해가 갈수록 그리워진다. 스스로 삶에 부끄러움이 많기에 더욱 닮아가려는 마음을 내게 되고 그 감동이 커지는 것 같다. 이러한 지면을 통해 굳이 홍법스님의 추모다례를 언급한 이유는 이 시대를 살아가는 수행자의 표상으로 좋은 귀감이 될 수 있다고 생각하기 때문이다.
　　홍법스님은 통도사 주지소임을 보시다가 1978년에 입적하셨다. 병환으로 비교적 젊은 세납인 49세에 입적하셨는데 필자가 출가한 1982년도에도 사중을 비롯한 인근 마을에 사는 재가인들로부터 스님께서 일찍 세연을 다 하신 일에 대한 아쉬움과 함께 이 시대의 청정율사로, 선사·강사로 살다 가신 그분의 행적에 대하여 많은 이야기를 들을 수 있었다.

스님께서 병으로 눕게 되자 의사가 고기를 먹으면 나을 수 있으니 약으로 생각하고 조금만 드시라고 적극 권했다고 한다. 그러한 사정을 알게 된 사중의 대중 스님들은 율장에서도 병을 고치기 위해 고기를 약으로 먹는 일을 허용하고 있으니 의사의 처방에 따라 치료하자고 권했으나 스님께서는 율종대본산인 통도사의 주지가 병을 고치기 위해 고기를 먹었다는 말을 듣기 싫다고 하며 끝내 드시지 않았다고 한다.

특히 은사이신 월하 큰스님께서 통도사를 다 팔아서라도 살려내야 한다고 하셨고 홍법스님 입적 후에 상심이 크셔서 한동안 식음을 전폐하셨다고 한다.

그러나 근래에 우리 승가에서는 이러한 모습을 보는 일이 점점 드물어지고 있다. 도시에서 살면서 바쁘게 포교하고 가람을 수호하는 소임을 보는 스님들의 경우 때가 되면 먹는 문제를 해결하는 일이 여간 고역이 아니다.

도심포교를 하시는 스님들 중 여러 가지 불편을 이야기하면서 고기 먹는 일을 합법화 시킬 수 없는지에 대해 이야기하는 것을 자주 듣게 된다. 여러 가지 사정에 대해서 공감하는 바도 있지만 오히려 어려운 제반여건에 대해 적극적으로 개선책을 마련해 보는 것도 의미 있는 일이라 생각된다.

성문계가 섭율의계의 성격이 강하다면 대승보살계에서는 섭선법계와 섭중생계를 강조하는 특성이 있다. 자비를 중요시하는 불교에서 각종 고기를 먹지 않는 일은 섭율의계를 잘 지키는 일이다. 하지만 보다 적극적으로 채식을 권장하고 조계사 앞의 사찰음식점처럼 전국의 모든 중소도시에서도 쉽게 채식으로 공양할 수 있는 장소와 여건을 만들어 나간다면 이것이 바로 선법을 자라나게 하는 섭선법계와 중생을 이롭게 하는 섭중생계를 잘 지키는 일이 되는 것이다.

현재 우리의 식생활은 너무 기름지게, 너무 많이 먹어서 여러 가지 부작용을 만들어내는 식생활이다. 이러한 문제를 해결하는 데 가장 긍정적인 대안을 제시하는 음식문화가 사찰음식이고 발우공양이다. 이를 통해 건강한 신체와 안정적인 마음을 유지할 수 있다면 불교가 사회적으로 할 수 있는 최대의 긍정적 역할이라 할 수 있다.

사찰음식점 하나가 할 수 있는 역할이 하나의 사찰이 할 수 있는 역할보다 클 수도 있다. 모두가 권하고 후원해서 곳곳에 사찰음식점이 만들어지고 불편 없이 때가 되면 사찰음식점을 이용하는 일이 보편화 되었으면 한다.

흐르는 물도
아껴 쓰는 마음

가끔 생활쓰레기를 수거하는 장소를 지나다 보면 악취를 풍기며 흉물스럽게 쌓여 있는 쓰레기 더미를 볼 수 있다. 쓰레기가 잘 구분되지 않거나 봉투에 너무 많이 담아서 넘치는 경우도 종종 볼 수 있다. 세계적으로 성공적인 사례로 인정받은 한국의 쓰레기 분리수거의 모습이 이 정도라면 무언가 착오가 있어서 현실을 충분히 반영하지 않고 평가된 결과가 아닌가 하는 생각이 들 정도이다.

각종 통계자료를 보면 미국에서는 매년 1천억 달러의 음식물이 버려지고 있으며 이 음식물쓰레기의 1%만 줄일 수 있다면 1

년에 700만 끼의 식사를 만들 수 있다고 한다. 영국에서도 전국의 식당에서만 한 해에 60만 톤의 음식이 버려지는 등 경제적으로 여유 있는 나라에서 버려지는 음식물의 양은 상상을 초월한다. 이 많은 음식물이 국토를 오염시키는 주범이 되어 수질이나 토양, 대기의 오염을 유발시키고 있다.

생활 속에서 음식물쓰레기나 생활쓰레기가 전혀 발생하지 않기는 쉽지 않을 것이다. 부처님 당시에 있었던 사례를 찾아보면 〈마하승기율〉 제31권에 승원 안에 있는 주방에서 쌀뜨물과 그릇을 씻고 난 더러운 물을 골목으로 흘려보내서 세상 사람들로부터 비난을 받은 내용이 수록되어 있다. 이에 대해 부처님께서는 '이는 마땅히 세상 사람들이 혐오할 만한 일이다. 이제부터는 승원 안에서 쌀뜨물과 더러운 물이 밖으로 흘러나감을 허락하지 않겠다'라고 단호하게 경계하셨다.

특히 한국의 대부분의 절은 세속의 마을보다 높고 깊은 산속에 위치하는 경우가 많다. 따라서 사찰에서 환경을 잘 보존하지 않으면 바깥세상으로 오염된 물을 보내게 된다. 승단의 유지와 발전을 위해 공양을 올리고 후원을 아끼지 않는 재가인에게 최소한 맑은 물이라도 보내야 하지 않을까 생각해 본다.

20여 년 전에 주변 지인들이 땅을 마련해 준 인연이 있어 관공서에 가서 허가신청을 하게 되었다. 허가가 어렵다는 이야기를 듣고 담당공무원을 설득하기 위하여 관련법령집을 구해 관공서에서 우려할 만한 내용과 이를 보완할 방법을 연구하여 허가를 취득한 일이 있다. 이때 담당공무원이 물었던 몇 가지 내용으로 첫 번째, 종교용지를 개발하려면 산림을 훼손하게 되는데 이 부분에 대한 대안은 무엇인가라는 질문에 한국사회에서 자연이 가장 잘 보존되어 있는 장소가 어디라고 생각하는가를 반문했고, 선배 스님들이 잘 보존하고 관리해서 불교사찰이 많은 사람들의 휴식공간으로 활용되고 있는 것처럼 산림훼손은 최소화하고 더 좋은 나무를 심어서 바람직한 모범답안으로 만들겠다고 답했다. 두 번째, 오폐수처리에 대한 질문에는 주변에 인연 맺고 있는 환경 분야 전문가의 자문을 구해서 맑은 물이 마을로 내려갈 수 있도록 하겠다는 의지와 함께 구체적인 대안을 제시함으로써 긍정적인 평가를 얻어내어 인허가를 받아 지금껏 수행전법도량으로 모습을 만들어 가고 있다.

앞서 이 땅에 살다가셨던 많은 스님들이 자연을 보호하고, 환경을 오염시키지 않았으며 맑고 청정한 국토를 후손에게 물려주려는 노력을 하지 않았다면 인허가 과정에서 했던 이야기가 설득력이 있었을까 하는 생각이 든다.

통도사는 설법전 앞으로 큰 개울물이 흐르고 있다. 이제는 보기 어려운 모습이 되었지만 80년대 초반만 해도 개울물에 빨래를 하는 일이 많았다. 그때 한 노스님께서 빨래를 하고 헹굴 때는 그릇에 물을 떠서 헹구셨다. 그냥 흐르는 물에 헹구면 쉬울 텐데 왜 물을 그릇에 퍼 담아 옷을 헹구느냐는 질문에 흐르는 물도 아껴야 하고 고맙게 생각하며 써야 하기 때문이라고 하셨던 말씀이 지금도 기억에 남는다.

부처님께서는 마음이 청정하면 국토가 청정하고, 스스로의 몸과 국토가 둘이 아니라는 안목으로 세상을 보아야 한다고 강조하셨다. 흐르는 물도 아끼는 마음으로 주변을 깨끗이 하고, 필요 이상의 음식물과 생활도구를 마련하여 국토를 오염시키는 일이 없도록 하는 것이야말로 지혜로운 불자의 맑고 향기로운 삶의 방법이 아닌가 한다.

소욕지족의 마음으로 생활하고 여유 있는 물건은 일체중생의 행복을 위해 회향하는 불자야말로 부처님께서 칭찬한 제일불자가 아닐까 하고 생각해 본다.

사찰,
수행과 교화의 장소

부처님께서 입멸하신 이후에 사찰은 부처님의 사리탑을 모신 불지(佛地)와 스님들이 수행하는 승지(僧地)로 나누어졌다. 부처님의 사리를 모신 불지는 화려한 조각과 채색을 한 대규모 건축물로 조성되었지만 스님들이 수행하던 승지는 소박하면서 최소한의 편의시설만 갖춘 특징이 있다. 비록 승지라 해도 강당 등의 대중이 함께 사용하는 건물은 규모도 크고 여러 가지 조각이나 채색을 하는 것뿐만 아니라 외관을 아름답게 장엄하는 것도 허용되었다.

불지는 사리탑을 중심으로 하고 주변에 부속건물을 세웠는데 인도의 산치대탑이나 보드가야대탑, 인도네시아의 보르부드르탑, 미얀마의 쉐다곤파고다 등이 대표적인 예이고, 초기의 불탑 원형을 살펴볼 수 있는 곳은 산치대탑이나 아잔타석굴사원, 엘로라석굴사원이 대표적이다.

중국불교의 경우 한족양식의 사찰과 티벳양식의 사찰이 대표적인데 불지와 승지에 대한 구분이 분명하고 그 특성도 크게 다르지 않다.

한국불교는 대웅전을 비롯하여 미타전, 비로전 등의 부처님을 모신 법당이 중심이 되고 그 주변에 보살과 나한 등의 성현을 모시고 있는 경우가 대부분이다. 이들 모든 전각들도 건물이 크고 화려한데 스님들이 거처하는 요사채는 비교적 단순하게 지었고, 단청도 간단하게 하거나 전혀 하지 않은 경우가 많다. 이렇게 수행과 교화를 하며 살아가는 사찰은 율장에서 권장하는 모습이 잘 반영된 것으로 볼 수 있다.

〈사분율장〉 바라제목차의 13승잔부분을 보면 시주가 있고 대중이 사용하는 건물에 대해서는 제한규정이 없으나 개인적으로 필요한 건물을 시주를 권해서 지을 경우에는 지나치게 크거나 화려하게 짓는 것을 금하고 있다. 건물을 크게 짓는 것, 지붕의 두께를 지나치게 두껍게 하는 것 등이 금지되었으며 주변에 시주를 강요하는 일도 금하고 있다.

또 시주가 있는 상태에서 개인이 필요한 집을 지을 때에는 위험한 곳이나 시비가 있을 만한 곳인지를 대중이 살피고 건축이 가능한 여부를 판단해서 허락하는 과정을 거치게 했는데, 이는 사회와의 마찰을 없애고 자연재해로부터 안전성을 확보하는 데 그 목적이 있다고 볼 수 있다.

〈사분율장〉(방사건도)을 보면 개인이 벽돌을 이용해서 삼층집을 지었을 경우 그 건물을 사용할 수 있는 권한을 12년으로 제한하고 있으며 그 밖의 건물은 한철 안거를 시작할 때마다 좌차대로 방을 배정하고 사용하게 한 경우가 대부분이다. 한국불교의 선원에서 안거를 시작할 때에 선원에 소속되어 있는 건물들을 안거대중의 좌차대로 배정해서 사용하고 있는 것은 율장정신을 잘 반영해서 활용하고 있는 경우로 볼 수 있다.

그러나 상당부분의 건물은 그것을 지은 권한을 인정하다 보니 효율적으로 사용하지 못하는 경우도 적지 않다.

한국불교의 전통사찰에서는 불지와 승지의 구분이 잘 적용되고 있으며, 그 특징 또한 잘 지켜지고 있다고 볼 수 있다. 불지의 경우 부처님의 교리체계를 건물이나 불탑 등에 잘 반영하여 포교에 활용하는 것도 바람직한 일이며 온갖 신심으로 거룩하게 장엄한 모습으로 조성하여 감동을 주는 일도 필요한 일이다. 교리체계를 충분히 여법하게 반영하지 않고 조성한 불사이거나 세월이 지나면서 흉물스럽게 변할 수 있는 소재로 진행하는 불사는 재고해야 한다. 승지의 경우에도 지나치게 크고 화려하게 건물을 짓거나 건물의 활용도가 떨어지거나 수행자의 거처답지 않은 특성을 가진 건물을 짓는 일은 주의해야 한다.

불지는 현대에 새롭게 개발한 건축자재를 활용하고 교리체계를 잘 반영하여 불사를 하고 승지는 소욕지족의 수행자 정신을 잃지 않고 수행과 교화를 하기 좋은 환경을 조성하는 일이 사찰을 사찰답게 가꾸는 일이라고 생각한다.

함께 살아가는 지혜

　　　　최근 들어 지구촌에는 크고 작은 재해들이 발생하고 있다. 지구촌에서 일어나는 여러 가지 재난은 자연에서 온 것과 인류가 만들어 낸 것이 있다. 자연에서 온 것은 대비가 어렵다 하더라도 방사능, 지구온난화, 오존층의 파괴, 숲의 사막화, 토양 및 지하수의 오염 등은 인간이 초래한 대표적인 재앙이다.
　현대문명사회에서 개발과 보존은 동전의 양면처럼 불가분의 관계이다. 거대한 강을 막아서 댐을 만들거나 산을 옮겨서 평지로 만들고 바다를 메워서 공장용지와 농지로 활용하기도 한다. 사회의 발전과 윤택한 삶을 위해 자연을 개발하는 것은 방편이라고 할 수 있다. 그러나 개발행위가 후대에 악영향을 미치는 개발이어서는 곤란하며, 재해를 막는 철저한 대비 속에 최소한의 개발이 재해와 재난을 막을 수 있는 방법일 것이다.

　율장을 살펴보면 여러 가지 사회의 부정적인 면을 치유하고 해결할 수 있는 다양한 사례들을 확인할 수 있다. 이러한 자료를 근거로 우리 주변에서 발생하는 여러 가지 문제를 해결할 수 있다면 부처님의 지혜를 긍정적으로 활용하는 좋은 모범사례가 될 것이다.

　〈사분율장〉을 보면 승잔죄 가운데 여섯째 계목이 '시주 없이 집을 짓되 대중의 지시를 받지 아니하고 규정을 무시하고 짓지 말라.'인데 이 계목의 연기부분에 다음과 같은 내용이 나온다.

　광야국에 어떤 비구가 집을 짓기 위하여 큰 나무를 베었는데 그 나무의 신은 자손이 많은 까닭에, '나는 지금 자손이 많은데 이 나무는 내가 의지하는 곳이며 나를 덮어주고 있거늘 이 비구가 나무를 베고 있으니 나는 이 비구를 때려야겠다'고 생각하다가, 부처님께 이 일을 말씀드려서 부처님의 분부를 따르리라 생각하고 부처님께 사정을 말씀드렸는데 부처님께서는 '착하다! 그대가 만약 비구를 때렸더라면 많은 죄를 범했을 것이다. 너는 빨리 항하수 강변에 있는 사라라는 큰 나무가 있는 곳으로 가라.

그 나무에 살던 신이 마침 죽었으니 너는 그곳에서 살라'고 하셨다.

이 일화처럼 큰 나무에는 수신(樹神)이 머물고 있으며 그들을 불편하게 했을 때 여러 가지 소란스러운 일이 발생하기도 한다. 우리 주변에서도 오래된 큰 나무를 베고 큰 바위를 깨는 등의 일을 하다가 곤란한 일을 당한 경우를 어렵지 않게 볼 수 있다. 불가피하게 벌목 등을 해야 할 경우 옛 스님들은 전시식이라는 의식을 통해서 수신(樹神) 등의 정령을 설득해서 안전하게 옮겨 가게 한 후에 벌목 등 개발행위를 하고 그 피해를 최소화 한 경우도 적지 않았다.

얼마 전 양산 지역의 영림서장이 찾아와서 말하길, 전국적으로 숲가꾸기 사업을 하고 있는데 자신이 근무하는 곳에서는 크고 작은 안전사고가 한 건도 발생하지 않은 이유로 아마도 작업을 시작하기 전 반야심경을 독송하면서 '이 숲을 더욱 무성하고 아름답게 가꾸기 위해서 하는 작업이니 수신(樹神)은 놀라거나 서운하게 생각하지 말라'고 양해를 구한 것 때문이 아닐까 한다고 했다.

만나는 인연마다 서운한 인연을 줄이고 고맙고 감동적인 인연을 늘려주는 방법을 율장을 통해 우리에게 전해 주신 부처님의 크신 자비인 것 같다.

삼귀의계는 야사존자의 부모가 최초로 계를 받았는데
이후 오랜 시간이 지나도록 방법상의 변화는 없다.
다만 얼마나 엄숙하고 장엄하게 삼귀의를 해서
불퇴전의 신심으로 역할을 하게 되고,
수행의 점차를 빨리 이루어 가는데
도움이 되게 하느냐의 문제는
많은 고민이 필요하리라 생각된다.

계율이야기 ❺

재가불자의 계율

삼귀의계, 불자가 되는 첫 관문

삼보에 귀의하는 맹세를 삼귀의계(三歸依戒)라고 하는데 목숨이 다할 때까지 삼보를 의지처로 삼겠다는 약속을 하는 것이므로 계에 해당한다. 한국불교의 경우 다양한 부류의 불자들이 있다. 불교대학에서 기초교리와 각종 경전을 공부하거나 선원에서 안거를 하는 경우도 있고, 불교에 대해 교육받을 기회가 없어서 1년에 몇 번 복을 빌기 위해 절에 다니는 경우도 있으며 절에 다니지는 않지만 부모의 종교가 불교이거나 불교적인 분위기가 좋아서 스스로를 불교와 가까운 사람이라 생각하는 경우도 있다.

이러한 사람들을 흔히 불자라 하지만 절에 다닌다고 해서 불자라 할 수는 없다. 엄밀히 말하면 소리 내어 삼보에 귀의하는 것(三歸依)과 다섯 가지 계율(五戒)을 지키겠다고 맹세하고부터 비로소 불자라 할 수 있다. 가령 매일 절에서 살면서 기도나 참선을 평생토록 하고, 팔만대장경을 모두 외우며, 힘써 바라밀 실천을 하는 신심 있는 사람이라도 삼귀의와 오계를 맹세하지 않았으면 불자라고 할 수 없다. 그러므로 삼귀의와 오계는 불자가 되는 첫 번째 관문이며 성불할 때까지 늘 함께 해야 하는 소중한 것이다.

불자가 된 후 법회를 할 때나 예경을 할 때 반드시 삼귀의와 오계를 소리 내어 외워서 신심을 굳게 하고 깨달음을 원만하게 성취하는 자량이 되게 해야 하는데 이를 가벼이 여기는 경우가 적지 않은 것 같다. 한국불교의 경우 법회에서 삼귀의를 하는 것은 정착되어 있으나 오계를 외우는 것은 포함되어 있지 않다. 그러나 남방불교의 경우 삼귀의와 오계를 간절하게 외우는 모습을 볼 수 있는데 우리도 이러한 간절한 모습의 법회진행을 보완해서 실시했으면 하는 생각을 하게 된다.

삼귀의를 간절하게 꼭 해야 하는 이유로 다음의 몇 가지를 들 수 있는데, 〈선생경(善生經)〉에서는 삼귀의를 맹세해야 하는 까닭을 '모든 고통을 깨트리고 번뇌를 제거하고 열반을 얻기 위함이다'라고 했고, 〈출요경(出曜經)〉에는 '삼보에 귀의하면 원을 이루지 못함이 없고 천인이 공양하는 바가 되며 스스로 깨달음을 얻어 영겁에 걸쳐 복을 받는다'라고 했으며, 〈희유교량공덕경(稀有校量功德經)〉에서는 '사천하와 육욕계를 교화하고 일체중생이 아라한과를 얻는 것보다 삼보에 귀의하는 공덕이 더 크다'라고 했다.

　삼보에 귀의하는 의식은 단을 차리고 격식을 갖추어 해야 하는 것은 아니다. 가장 간단하게 할 수 있는 방법으로는 한 분의 스님 앞에서 '저 ○○○은 이 목숨이 다할 때까지 부처님과 부처님의 가르침과 스님들께 귀의합니다'라고 세 번 말하면 삼귀의계가 이루어지게 된다.

　삼귀의계는 야사존자의 부모가 최초로 계를 받았는데 이후 오랜 시간이 지나도록 방법상의 변화는 없다. 다만 얼마나 엄숙하고 장엄하게 삼귀의를 해서 불퇴전의 신심으로 역할을 하게 되고, 수행의 점차를 빨리 이루어가는 데 도움이 되게 하느냐의 문제는 많은 고민이 필요하리라 생각된다.

　삼귀의계를 지니는 것은 믿음에 있어서는 기초와 같고, 수행 이력에 있어서는 길잡이가 되며, 행복한 삶으로의 관문이 된다. 삼귀의계를 통해 불자로서의 자긍심을 갖게 되고 부처님과 같은 큰 자비심을 일으키게 되며 단정하고 안정된 모습으로 스스로의 삶을 책임 있게 가꾸어 갈 수 있게 된다. 이러한 모습의 당당한 불자는 사회로부터 존경과 믿음을 받게 되어 성공한 삶이 가능해지게 된다.

우리 주변에는 불보와 법보에 대해서는 고민 없이 귀의할 수 있으나 승보에 대해서는 주저하게 된다는 사람들을 흔히 볼 수 있다. 화합승가로서의 청정함과 긍정적인 모습으로 사회의 정신적인 스승으로서의 역할을 하지 못하고 오히려 승가의 부정적인 모습을 자주 접하게 되는 것에 그 원인이 있다고 생각한다.
조금의 고민도 없이 '거룩하신 스님들께 귀의합니다'를 다짐할 수 있도록 여법하고 청정한 승가공동체가 복원되고 유지되도록 힘쓰는 일이 이 시대의 승가가 이루어내야 할 가장 중요한 일일 것이다.

오계五戒, 불행佛行의 기본이 되다

불자인지 비불자인지의 기준은 오계를 수지하기를 다짐하고 실천하느냐 혹은 그렇지 않느냐에 달려 있다. 이처럼 중요한 오계를 수지하지 못하고 평생을 절에 다니는 경우도 적지 않고, 혹 오계를 받았다 해도 목숨보다 소중하게 생각하며 실천하는 불자들도 많지 않은 것이 우리 한국불교의 현실이라고 생각한다. 이러한 상황은 재가계율에 관한 교육이 절대적으로 부족해서 발생하는 문제가 아닐까? 불교대학이나 경전반 등의 재가불자 교육기관에서도 계율을 대단히 중요하게 여기고, 많은 시간을 배정해서 익숙해지도록 해야 하는데 그렇지 못한 실정이다.

불교대학 등의 교육기관과 인연을 맺지 못한 많은 경우에는 더욱 계율에 관한 공부를 하고 수계를 하며 포살을 하는 등의 계율에 관계된 인연을 맺기가 더욱 어려운 것이 우리의 현실이다.

오계는 죽이는 것, 도둑질 하는 것, 삿된 음행을 하는 것, 거짓말 하는 것, 술을 마시는 등의 다섯 가지 행위를 하지 않는 것이다.

살생하지 않는 것은 곧 자비를 실천하는 일이다. 일체의 생명은 죽기를 싫어하고 살고 싶어하는 데 이익과 향락을 위하여 직접 죽이기도 하고 생태계를 파괴해서 많은 생명들이 죽게 하기도 한다. 살생을 그치지 않으면서 평화로운 관계를 유지하는 일은 불가능에 가깝다. 그러므로 지혜로운 불자는 살생을 하지 않기 위해 노력해야함은 물론 더 나아가 적극적으로 방생을 하고, 환경을 잘 보호해서 서로가 공존공생할 수 있도록 노력해야 한다. 이러한 노력이 대립과 갈등을 화합과 공존으로 바꾸어 낼 수 있다.

도둑질 하지 않는 일은 넉넉하고 풍요로운 삶을 가능하게 만드는 일이다. 적은 물질로 최소한의 소비를 행하며 삶을 살아가려는 노력이야말로 현재 자본주의 사회가 갖고 있는 많은 문제를 보완할 수 있는 지혜이다. 지나친 자원의 낭비나 심각한 수준의 빈부격차 등의 문제를 해결하기 위한 대안으로 기부문화를 권장한다거나 여러 가지 물건들을 재활용하는 일은 부처님께서 권장하셨던 '적은 것으로 만족하고 살아가는 삶[少欲知足]'과 맥을 같이 한다고 볼 수 있다. 도둑질을 하지 않는 것에서 그치지 않고 널리 보시를 행하며 자신의 이익을 위해 남에게 피해를 주며 살아가는 삶이 아닌 봉사하고 베푸는 삶으로의 변화가 지혜로운 불자의 삶의 방법이라 할 수 있다.

삿된 음행을 하지 않는 일은 믿음으로 삶을 살아갈 수 있는 기본이 된다. 더 나아가 음행하지 않는 것에 그치지 않고 청정한 삶과 신뢰할 수 있는 삶을 위해 음욕심이 생사윤회의 씨앗이 됨을 심도 있게 연구해서 음욕심이 아닌 지혜와 선정력을 키우는 삶이 필요하다.

거짓말을 하지 않으면 믿는 사람들이 많아지고 말에 영향력이 있게 된다. 지혜로운 불자는 거짓말하지 않는 것으로 그치지 말고 힘써 전법을 하며 인연 있는 모든 사람들이 행복해질 수 있는 방법에 대한 내용이 아니라면 차라리 침묵하는 일이 바람직하다 할 수 있다.

술을 마시지 않는 삶을 살게 되면 각자가 갖고 있는 잠재된 능력을 역량껏 발휘할 수 있게 되고 실수도 줄게 되어 신뢰할 만한 인연으로 평가될 수 있다. 더 나아가 정신이 맑아지고 건강이 좋아질 수 있는 다양한 음식이나 운동 등을 가까이해서 복을 짓고 공덕을 쌓는 일을 쉼 없이 할 수 있도록 하는 일이 필요하다.

이러한 이유 때문에 부처님께서는 오계를 제정하시고, 오계실천을 통해서 깨달음을 성취하도록 가르치셨다. 오계를 잘 지키고 보다 적극적으로 바라밀 완성을 위해 활용하도록 한 가르침이 삼취정계의 가르침이다. 범하지 않는 것에 그치지 않고 선근이 증장되게 하며 모두에게 이익이 되도록 하는 일에 목표를 두고 실천하도록 했다.

〈수삼귀오계대패신주경〉에는 삼귀의계를 받으면 지계신장 36명이 수계자를 옹호하고, 오계를 받으면 계목 하나마다 다섯 명의 지계신장이 옹호해준다고 설명되어 있다.

오계수계를 통해 수많은 지계신장의 옹호를 받아 숙세의 업으로 인한 갖가지 액난이 발생하는 일을 면하도록 함은 물론 적극적인 오계실천을 통해서 무량한 공덕을 성취해야 하며, 보살도를 완성하고 마침내 성불하기까지 늘 함께해야 할 소중한 가르침인 것이다. 때문에 불자나 비불자를 나누는 경계로 삼았고 목숨보다 소중하게 지키고 활용하기를 바라셨다고 볼 수 있다.

팔관재계 八關齋戒,
출가 수행자의 삶과 함께하려는 염원

팔관재계는 팔관일재계라고 하며 여덟 가지 계와 하나의 재가 합쳐져서 계목이 이루어져 있는데 재가신도가 수지하는 오계에 '⑥ 꽃다발을 쓰거나 향을 바르지 말라 ⑦ 노래하고 춤추고 풍류 잡히지 말며 그 곳에 가서 구경하지도 말라 ⑧ 높고 큰 평상에 앉지 말라'는 내용을 포함한 여덟 가지 계목이 팔관(八關)이 되고, '⑨ 때 아닌 때에 먹지 말라'는 1재가 된다. 즉 기본 오계에 사치스럽고 호화로운 생활을 경계하는 내용을 더했으며 비록 재가에 있으나 출가수행자의 마음으로 수행하고 정진할 것을 권장한 계라고 할 수 있다.

이러한 팔관재계는 사미십계 가운데 '불착지생상금은보물(不捉持生像金銀寶物 : 금·은·보석을 손에 쥐거나 갖지 말라)'이라는 계목 하나를 빼고 나머지 아홉 가지 계목으로 이루어져 있다. 재가인은 생산활동을 해야 하고 가업을 번성시키며 삼보께 공양하는 삶을 살아야 하기 때문에 정당한 방법으로 돈을 벌고 재력을 갖추는 일은 중요하므로 이 계목을 제외시킨 것으로 볼 수 있다.

팔관재계일은 매월 음력으로 8일·14일·15일·23일·그믐 전날과 그믐날을 육재일이라고 하는데, 이 육재일에 여덟 가지 팔관재계를 받아서 하루 낮 하루 밤을 지키는 것이다.

이 몸의 목숨이 다할 때까지 지켜야 하는 구족계와 미래세계가 다하도록 지킬 것을 발원하는 보살계와는 서원하는 기간에 많은 차이가 있다. 팔관재계는 아침에 계를 받고 다음날 아침까지 지키는 것으로 지계기간을 삼으며 이 아침의 기준은 자신의 손바닥에 있는 손금이 확인되는 시점을 '명상출'이라 하는데 이 시간까지 지키게 되면 지계(持戒)가 이루어지게 되며, 이러한 계를 지닌 공덕으로 인간이나 천상에 태어난다고 수계공덕을 설명하고 있다.

팔관재계는 매달 육재일인 6일을 지켜야 하지만 계율에 대한 이해와 실천이 부족한 한국불자에게는 어렵게 느껴질 수도 있다. 그러나 재일에 해당되는 날 오후와 저녁을 절에 머물게 되므로 부부와 자녀가 함께 계를 받아 청정하고 지혜롭게 스스로를 바꿀 수 있는 수행방법을 익히고 실천할 수 있으면 온 가족이 몸과 마음이 청정해지며 높은 신뢰로 화목한 가정을 꾸려갈 수도 있다.

육재일에 팔관재계를 받는 사람은 다음의 두 가지를 꼭 알아야 한다.
① 팔관재계를 받기 전에 과거의 모든 죄업을 참회하여야 한다.
② 팔관재계를 받고 난 뒤 육재일을 지켜야 한다.

첫째 항목에서 과거의 모든 죄업을 참회하게 한 것은 과거의 허물에 얽매이지 않고 새로운 각오로 살게 해주기 때문이다. 마치 독이 묻어 있는 그릇에 음식을 담게 되면 아무리 좋은 음식을 담아도 독이 되는 것처럼 좋은 계법을 잘 활용하기 위해서는 참회가 중요하다. 그러므로 과거의 잘못을 단절하고 선한 일에 한 걸음 나아가려면 계를 받고 지키는 일이 대단히 중요하다.

둘째 항목에서 육재일을 지키라 한 것은 계를 지키는 힘을 지속시키기 위함이다. 아무리 적은 일이라도 지속적으로 실천하기는 쉽지 않다. 선신이 보호하고 어려움을 자기발전의 소중한 기회로 활용할 수 있는 육재일이라도, 청정하게 지키려고 노력하게 되면 점차 여법하고 청정한 불자의 모습을 갖추게 된다.

팔관재계는 출가하지 못한 불자가 하루라도 스님들처럼 정진해서 생사문제를 해결하고 열반을 성취하는 데 목적을 두고 만든 계법이다. 비록 짧은 기간이나 수행을 통해 헐떡이는 마음을 쉬고 청정하고 검소한 삶의 기쁨을 느낄 수 있게 되면 긴 인생의 여정을 보다 적극적으로 살아갈 토대가 될 것이다.

개인적으로는 인연 있는 불자들 가운데 임종염불을 부탁하면 팔관재계 수계를 빼놓지 않고 하게 되는데 수계 후 편안하게 죽음을 맞이하는 모습을 보면서 이러한 수계법이 중생의 행복을 위해 널리 다양한 방법으로 활용되었으면 하는 생각을 하게 된다.

또한 하루 먹지 않는 계를 지키고 그 만큼의 공양을 필요로 하는 사람에게 보시하는 일도 동체대비를 실현하는 좋은 방법이 될 것이다.

보시·지계는
천상에 나는 법

〈사분율장〉 '수계건도' 부분을 보면 부처님께서 깨달음을 성취하시고 초기에 승단과 교단이 성립되는 과정을 상세하게 언급하고 있다. 특히 최초의 우바새와 우바이를 만들면서 강조하신 내용이 바로 '보시와 지계는 천상에 태어나는 방법이다.

 욕심은 부정한 것이라고 꾸짖고 더러움에서 벗어나는 일은 즐거움이 된다고 찬탄하셨다'라고 하시며 여기에 사성제 등의 간단한 가르침을 주셨는데 그 말씀을 듣고 수다원이나 사다함, 아나함이나 아라한과를 증득한 사례를 자주 보게 된다. 이러한 정황에 비추어 보면 현재 한국불교에서 가르치는 각종 수행체계에 관한 가르침은 그 내용이 다양하고 수준 또한 높다는 생각이 든다. 그러나 이러한 것이 긍정적인 면도 있으나 한편으로는 큰 가방에 책은 많으면서도 그 중 한 권의 책도 정미롭게 공부하여 내 것으로 만들지 못하지는 않았는가라는 생각도 하게 된다.

보시와 지계는 천상에 나는 방법이라고 한 가르침과 함께 사성제에 관한 정미로운 관찰과 이해를 통해 생로병사의 문제를 해결하고 열반을 성취하며 아라한과를 이루게 된다.

십이연기를 터득해서 연각의 지위를 성취하고, 육바라밀의 실천을 통해서 보살도를 완성하는 방법이 부처님께서 제시하신 수행체계인데 이러한 방법에 관한 정확한 이해가 부족하지는 않은지 냉정한 성찰이 필요하다. 이와 같은 맥락에서 보면 초기불교에서는 생천(生天)이라는 선업의 결과를 내세워 보시와 지계를 권장했고, 대승불교에서는 보살이 실천해야 할 행위로써 보시바라밀과 지계바라밀을 강조했다고 볼 수 있다.

이러한 가르침은 남의 어려움을 보고도 자비심과 연민심이 부족해서 외면해 버리곤 하는 우리들의 태도를 반성하게 하고, 선행을 함으로써 그들에게 좋은 결과가 올 것이라는 희망을 주며, 보시행을 유도하는 것이다. 초기와 대승을 통해서 기본적인 가르침으로 보시와 지계가 강조된 것은 보시와 지계바라밀이 별

개의 영역이 아니고 한 방향에서 남을 돕는 중생계(섭중생계)의 영역이 바로 보시바라밀과 직결되기 때문이다.

보시바라밀은 중생을 깨달음의 세계로 이끄는 사섭법(四攝法)에서도 강조하고 있고 육바라밀에서도 대단히 강조하고 있다. 특히 〈화엄경〉을 비롯하여 다양한 대승경전에서도 보시바라밀이 중요시되는데 삼현위와 십지위에서 권장되는 보시의 방법은 크게 차이를 보이고 있다.

삼현위에서는 내 몸 이외의 재산, 지위, 가족 등을 보시하는 일을 권장하고 있는데 〈십지품〉에서는 특히 사신보시(捨身布施)를 강조하고 있다.

내 몸의 일부인 눈·귀·코·팔·다리 등을 구하는 이에게 기쁘게 나누어 주는 보시행 뿐만 아니라 심지어는 목숨까지도 흔연히 내어주는 보시행이 강조되는데 이러한 사신보시를 통해서 이지(二地)·삼지의 지위점차를 뛰어넘는 경우가 많이 언급되어 있다. 이렇듯 소중한 수행방편을 이 땅의 불자들은 얼마나 확신을 가지고 실천하고 있는지 각자가 냉철히 살펴보는 기회를 가졌으면 한다.

출가수행자나 재가불자 모두가 흔연히 기쁜 마음으로 보시하고 지계바라밀을 실천할 때 한국불교의 희망 가꾸기는 성공할 수 있다고 생각한다.

보시와 지계를 다른 각도에서 바라보면 도덕성과 사회적 기여도로도 볼 수 있다. 그러나 여전히 한국불교는 도덕적으로 많은 비난을 받고 있고 존경과 감동을 주는 모습으로 원만히 변화하고 있다고 평가하기 어려우며, 중생의 고통과 아픔을 치유하고 희망을 주는 사회적 기여에 만족할 만한 평가를 받고 있다고 보기에 어려울 것 같다.

부처님의 가르침이 이 땅에서 지속적으로 소멸되지 않고 그 역할을 다하려면 도덕성의 확보를 통해서 혼탁한 물을 맑게 하는 청량수의 역할을 해야 하고, 교육·복지·의료 등의 각종 분야에서 적극적이고 헌신적인 역할을 함으로써 '이 단체는 이 시대에 꼭 필요한 단체'라는 국민적인 공감대를 이루어 내야 한다.

이를 위해 보시와 지계는 이 땅을 정토로 만드는 소중한 법이고 이 땅에 부처님의 가르침이 오래도록 유지·활용되도록 하는 소중한 가르침이며 스스로의 수행을 가장 크고 원만하게 성취하는 길이라는 생각으로 힘써 실천하고 주변에 권하는 일을 게을리하지 말아야 할 것이다.

불자가 세상의 변화를 인식하는 방법은
불교적 지혜에 그 근원을 두어야 한다.

재앙과 재난을 맞이하는 법

근래에 우리나라도 지진이나 태풍, 폭우 등과 같은 자연재해 앞에서 더 이상 안전지대로만 생각할 수 없게 되었다.

최근에 경주 인근에서 진도 5.8의 지진으로 인해 많은 피해를 입었고, 최근에는 태풍과 폭우로 부산, 울산지역에서도 큰 피해를 입었다. 통도사도 최근 10여 년간 내렸던 폭우 가운데 단시간 최대 규모로 내려 큰 피해가 발생했다.

이처럼 자연의 거대한 변화 앞에 인간은 때로 속수무책일 수밖에 없으며, 인류가 오랜 시간을 두고 이룩해 온 역사와 문화가 한순간에 파괴되는 재앙을 겪기도 한다. 그러나 이러한 재난이 일어날 때마다 지혜로운 불자들은 위기를 기회로 쓸 수 있어야 한다고 생각한다.

불자가 세상의 변화를 인식하는 방법은 불교적 지혜에 그 근원을 두어야 한다. 그런 의미에서 보면 불교에서는 세간(세상)을 세 가지로 구분하여 설명하는데 물질로 이루어진 기세간(器世間), 생명으로 이루어진 중생세간(衆生世間), 깨달음의 세계인 지정각세간(智正覺世間)이다. 이 가운데 일정한 주기를 두고 변화하는 세간이 기세간이다.

〈구사론〉을 참고로 정리해보면 1대겁에 한 번씩 기세간이 멸망하는데 80소겁으로 이루어져 있다. 성(性)·주(住)·괴(壞)·공(空) 가운데 성겁이 20소겁이고, 주겁이 20소겁이며 괴겁과 공겁도 20소겁씩으로 이루어져 있다. 주겁 20소겁 가운데 일천의 부처님께서 세상에 출현하시며 현겁에는 이미 일곱 분의 부처님이 세상에 출현하셨으며 앞으로 993분의 부처님이 이 세상에 출현하시기 위해 대기하고 계신다고 한다.

또 괴겁이 끝나는 시기에 수재(水災)·화재(火災)·풍재(風災)의 삼재가 발생하는데 이는 괴겁의 20소겁 가운데 19소겁에 일어나는 것으로 19소겁의 처음에는 초선천 이하의 일체중생이 죽고, 제20소겁에 7개의 태양이 나타나는 대화재가 일어나서 초선천 이하가 모두 타버리는 재앙이 발생한다. 이와 같은 화재가 7번 일어난 후에 1번의 수재가 일어나서 제2선천까지를 모두 파괴한다. 일곱 번의 화재와 한 번의 수재가 모두 일곱 번씩 일어나고 난 다음에 7번의 화재가 일어나고 다시 풍재가 한 번 일어나서 제3선천 이하를 모두 파괴한다. 이상으로 보아 화재 56회, 수재 7회, 풍재 1회에 의해서 제3선천 이하는 모두 파괴되는 것으로 볼 수 있다.

이러한 화재·수재·풍재는 어쩌면 먼 훗날에 일어날 일일 수 있지만 이러한 기세간의 변화로부터 영향을 받지 않고 지정각세간에서의 삶을 가능하게 하는 가르침이 바로 불교라는 생각으로 재난을 이겨내고 적극적으로 스스로의 발전을 위해 활용할 수 있었으면 한다.

앞서 언급한 세 가지 재앙 가운데 수재는 탐내는 마음과 관련이 있고, 화재는 성내는 마음과 관련이 있으며 풍재는 어리석은 마음과 관련이 있다.

즉 기세간에서 살아가는 중생은 탐·진·치 삼독심을 극복하지 못하고 세상을 살아가기 때문에 그 영향을 받는다고 볼 수 있다. 그러므로 기세간의 삶에서 지정각세간으로의 삶으로 변화가 이루어지려면 탐·진·치 삼독심을 바탕으로 한 삶에서 벗어나 계·정·혜 삼학(三學)을 실천하는 삶이 필요하다. 보시와 지계는 탐심을 제어하기에 좋아 부처님께서는 소욕지족을 삶의 방편으로 권장하셨고, 진심을 제어하기에 좋은 방편은 인욕행과 정진력이며 어리석음을 제거하는 방편은 선정력과 지혜의 힘이 수승하므로 계·정·혜 삼학을 권장하셨다. 이러한 삼학을 적극적으로 실천하는 방법이 바로 육바라밀이라 할 수 있다.

바라밀실천을 통해 삼독심을 삼학심으로 바꾸어내고 이를 적극적으로 자기발전의 계기로 활용하고 있는 단체가 대만에 있는 자제공덕회가 아닌가 생각한다. 살기 좋고 즐기기 좋은 곳에서의 삶이 아닌 재난지역의 어려운 이웃들에게 힘이 되어주며 스스로의 삶을 풍요롭게 하는 모습을 보면서 이 단체야말로 부처님께서 권장하셨던 보살도 실천을 가장 잘 하고 있는 사람들의 모임이라 생각하며 부럽고 존경하는 마음을 갖게 되었다.

얼마 전 수해를 당하고 난 후 대중이 모여서 복구방안을 논의하고 산중의 모든 대중이 울력을 통해 재난의 흔적들을 치우는 과정에서 화합대중의 힘과 희망을 느낄 수 있었다.

재난에 대비해서 피해를 최소화하고, 피해가 발생하면 대중이 합심해 복구함으로써 기세간의 삶, 중생세간의 삶에서 지정각세간의 삶으로 변화시키는 계기로 쓸 수 있다면 수행을 앞당길 기회가 되기에 충분하다는 생각을 해본다.

재가불자와
경제력

사분율장을 비롯한 각종 율장을 보면 비구 비구니의 많은 계목을 제정하시면서 내용에 상관없이 꼭 하시는 말씀이 '보시와 계를 지키는 일은 천상에 태어나는 방법이다. 욕심은 부정한 것이라고 꾸짖고 더러움에서 벗어나는 일은 즐거움이 된다고 찬탄하셨다'라는 내용이다.

출가 수행자에게는 보시와 지계를 강조해 말씀하셨는데 재가불자에게는 어떠한 삶이 바람직하다고 강조하셨으며, 부를 축적하는 일에 관한 부처님의 입장은 어떠하셨을까?

부처님께서는 물질의 문제를 정신의 문제만큼이나 중요시하셨는데 특히 재물을 빌려주고 이익을 얻은 상인을 칭찬할 정도로 부의 축적에 긍정적인 모습을 보이셨다. 그리고 재산을 어떻게 증식하고 유지하며 사용해야 하는가의 문제에 대해서 '수입은 네 등분으로 나누어서 첫 등분은 사업을 위해 재투자를 하고 둘째 등분은 가업을 위해 사용하며, 셋째 등분은 미래를 위해 저축하고 마지막 등분은 승가와 이웃을 위하여 보시해야 한다'고 〈우바새계경〉을 통해서 말씀하셨다.

이와 같은 부처님의 경제관은 단순히 재산을 모으고 사업을 발전시키는 의미를 넘어 이익의 일부를 사회에 환원하는 현대적 기업윤리와도 그 맥을 같이 한다고 볼 수 있다.

노벨이나 카네기 등의 많은 부자들이 자신이 축적한 부를 사회에 환원해서 인류사적으로 긍정적인 기여를 한 경우도 적지 않고 최근에는 빌 게이츠 등의 많은 부자들이 그들의 부를 복지나 문화에 기부하여 많은 사람들에게 존경을 받고 있다.

몇 년 전 중국을 여행하면서 빌 게이츠가 북경에 왔다는 얘기를 듣고 그가 방문한 이유를 물으니 중국의 부자들에게 기부를 권하고 중국 내에 기부문화가 확산되기를 바라는 마음에서 방문한 것이라는 이야기를 들은 적이 있다.

기부는 자본주의 경제의 단점과 한계를 극복하고 그 효율을 극대화 할 수 있는 중요한 일 중 하나이다. 자본주의 체제가 갖고 있는 가장 큰 문제는 부의 편중과 과잉생산으로 인한 자원의 과소비인데, 수입의 25%를 보시하고 사회에 기부하는 방법을 모든 사람들이 실천한다면 계층 간의 갈등이나 부의 편중에 의해서 발생하는 많은 문제가 해소될 것이다.

불교에서는 공덕을 쌓는 방법으로 보시가 가장 중요한 방법이라고 권장했다. 〈본생담〉이나 〈화엄경〉 등의 많은 경전 중에는 보시행을 함으로써 한량없이 오랜 세월에 걸쳐서 성취할 수 있는 수행이력을 바로 성취한 경우도 수 없이 등장한다. 특히 이들 경전에 설해져 있는 내용 가운데 '한마디라도 전륜성왕의 지위를 버려가며 듣지 않은 게송은 없다'고 말하고 있으며 심지어 왕위와 재물을 보시할 뿐만 아니라 자식과 부인을 보시하며 자신의 목숨까지도 기쁘게 보시하는 모습을 자주 보게 된다.

그러나 작은 보시라도 막상 이를 실천하려면 주저하게 된다. 보시하는 일도 일종의 습관이어서 보시를 즐겨하는 습관이 들어 있지 않은 사람은 흔연히 보시하기가 쉽지 않다. 그러므로 재산이 많다고 쉽게 보시하고 많이 보시를 할 수 있는 것은 아니다. 보시에 대한 확신과 보시를 통해 바뀌게 되는 스스로의 삶에 대한 정확한 인식이 필요하다. 이러한 교육은 계율공부를 통해 가능해진다.

대만을 여행하다 보면 서로 스님들에게 공양을 올리려고 하다 보니 공양청을 한 사람이 자주 바뀌게 되는 경험을 하게 된다. 큰 부자가 아닌 택시기사도 택시비를 받지 않고 보시하면서 '저희가 돈을 버는 것은 삼보께 보시하기 위해서인데 절에 가지 않고 스님을 만나 보시하게 되었으니 더 좋은 일이 아닙니까?' 라고 반문하는 모습은 몇 년이 지난 지금까지도 인상적이었다.

공덕을 쌓기 위해서 보시바라밀을 실천하기 위해서 사용되는 경제력은 아무리 그 액수가 많아도 지나치다 할 수 없다. 부정적이지 않은 정당한 방법으로 부를 축적하고, 그 부를 활용해서 보시바라밀을 실천하여 무량한 공덕을 증장시킨다면 부의 규모가 클수록 더욱 좋을 것이다.

경제력을 공덕을 쌓는 도구로 생각하고 또한 중생의 행복을 위해 소중하게 활용할 수 있는 가치로 인정했기 때문에 재가불자가 경제력을 갖는 부분에 대해서 이렇듯 적극적이지 않았나 생각한다. 공덕을 쌓는 일에 부족함이 없는 불자들이 우리 주변에 가득했으면 한다.

우리도 부처님같이 복덕과 지혜를 구족한 깨달음을 성취하고
모든 이의 행복을 위해서 그 깨달음을 회향하려면 어떻게 해야 할까?

복덕이 구족한
삶을 위하여

　　불기 2560년 부처님오신날을 봉축하기 위한 각종 장엄물과 염원을 담은 다양한 등을 만드느라 전국의 사찰들이 분주하다. 이는 어두운 곳을 밝히는 등불처럼 지혜의 등이 밝게 빛나고 모두의 마음이 밝아져서 대립과 갈등의 세계를 평화와 공존의 세상으로 바꿀 것을 염원하는 마음에서일 것이다.

　　또한 서울을 비롯한 전국의 도시와 사찰에서 제등행렬 및 봉축문화행사를 풍성하고 공경스럽게 준비해서 봉행하고 있다. 이러한 봉축행사를 왜 해야 하는가? 봉축행사를 통해서 우리는 무엇을 성취해야 하는가? 이러한 노력이 이 세상을 긍정적으로 바꿀 수 있을까를 생각해 본다.

전통의식으로 하는 삼귀의 의식문을 보면 '귀의불양족존(歸依佛兩足尊)'이라고 되어 있는데 '양족존인 부처님께 귀의합니다'라고 번역할 수 있다. 이때 양족은 복덕과 지혜를 의미한다. 이 땅에 오신 부처님께서는 깨달음 성취를 위한 서원을 세우신 이후 한량없는 세월에 걸쳐서 복덕과 지혜를 원만히 성취하기 위한 정진을 계속하셨기 때문에 십력(十力)과 사무소외(四無所畏) 등의 복과 모든 법의 실상을 여실하게 아는 지혜를 구족하셨다.

우리도 부처님같이 복덕과 지혜를 구족한 깨달음을 성취하고 모든 이의 행복을 위해서 그 깨달음을 회향하려면 어떻게 해야 할까?

현실에서 구하고자 하는 모든 것이 원만하게 이루어지도록 하는 힘이 곧 복덕이고, 견해가 바르고 어리석지 않아 세상사를 걸림 없이 통찰하는 힘을 지혜라고 한다.

아무리 지혜나 재주가 뛰어나더라도 원하는 바를 뜻대로 이루어내는 데 현실적인 어려움이 있다면 이는 복덕이 부족한 경우라 할 수 있다. 그러나 복덕이 부족한 사람이라도 복덕이 구족한 사람을 의지하게 되면 그 원하는 바를 쉽게 성취할 수도 있다. 마치 벼룩이 독수리의 깃털에 몸을 의탁하게 되면 히말라야를 어렵게 않게 넘을 수 있는 것처럼 누구를 의지해서 살아가느냐에 따라서 그 결과가 크게 달라진다고 할 수 있다.

　복덕이 구족하고 지혜가 원만한 삶을 살려면 이 두 가지를 모두 갖추신 부처님께 귀의하고 그 분과 같이 되고자 하는 노력이 절대적으로 필요하다.

　특히 수없이 많은 불자들이 간절한 마음으로 준비하고 환희심으로 동참하는 이러한 인연에 함께하는 일은 공덕을 원만히 성취할 수 있는 좋은 기회라 할 수 있다.

　일찍이 연등부처님 처소에서 석가모니부처님께서 수기를 받으실 때 연꽃을 공양 올리시고 머리를 풀어 그 위를 밟고 지나시게 한 것처럼 전국에서 봉행되는 봉축행사에 그러한 마음으로 동참한다면 모두가 수기를 받고 속히 성불하는 결실을 맺게 될 것이다. 이는 순간순간을 내가 머무르는 곳에서 최고의 정성으로 최선을 다하는 모습이니 최고의 수행이라 할 수 있다.

　부처님처럼 되고자 하는 수행에 있어서 가장 중요한 조건은 원력이다. 소소한 일에 이르기까지 원력을 세우고 실천하며 동참하는 일이 참으로 중요하다. 난다여인의 꺼지지 않은 등불 이야기나 수메다가 성불을 발원하고 꽃 공양을 올린 일화 등의 수없이 많은 이야기를 통해 원력을 세우는 일의 중요성을 실감하게 된다.

　원력이 중심을 잡는 믿음은 보살도를 실천해서 마침내 성불하게 되는 최고의 수행이 되지만 원력이 빠진 실천은 구복(求福)이 되어서 원만한 결실을 기대하기 어렵다. 올해 부처님오신날에 동참하여 행하게 되는 모든 일들은 보살도 실천을 확인하는 계기가 되고 원력을 증장시키는 소중한 기회가 되었으면 한다.

우리 사회는 극복해야 할 다양한 문제를 안고 있다. 남과 북이 첨예하게 대립하고 있는 현실, 경제여건의 악화로 인한 구조조정의 불안, 저출산 및 초고령화 사회의 진입을 앞두고 일어나는 각종 문제가 우리 앞에 놓여 있다. 이러한 여러 가지 문제를 풀어 나갈 수 있는 방법을 부처님의 연기법에서 찾을 수 있다.

보시와 지계의 실천을 통해 복덕을 구족하려는 노력과 인욕·정진·선정·반야 등의 지혜로써 막힌 곳을 뚫어내고 맺힌 것을 풀어낸다면 위기가 기회로 바뀔 수 있다.

부처님오신날 봉축행사를 통해서 부처님께서 세상을 보신 안목으로 이 세상을 바라보고, 그 분의 실천력으로 세상의 여러 가지 문제를 해소해 나가고자 한다면 그 결과는 크게 긍정적인 모습으로 나타날 것이다.

절, 성품을 공경하고
무명을 절복받는 일

매년 안거가 끝나고 3~4일후부터 사미·사미니계 수계산림이 시작된다. 이 수계산림의 교육과정에 일보일배(一步一拜)와 삼보일배(三步一拜)가 있는데 일보일배는 한 걸음을 걷고 절을 한 번 하는 것이며 삼보일배는 세 걸음을 걷고 절을 한 번 하는 형식이다.

또한 일보일배는 대웅전 앞마당에서 하는 경우가 많고 삼보일배는 산문에서 대웅전까지 하는 경우가 가장 많다. 이때 절이 끝나고 나면 수계교육을 봉행하는 사찰의 주지 스님이나 유나소임자가 절을 하는 의미에 대해 간단히 설명을 하는 시간이 있는데, 제51기 수계교육의 삼보일배 시간에는 직지사 주지 스님께서 절하는 의미에 대해 말씀하셨다. 1973년도에 선원안거를 하면서 선원장스님께 들었던 이야기인데, 참된 성품을 공경하고 무명을 굴복시키기 위해 절을 하는 것이 그 의미와 부합된다는 내용이었다.

일찍이 중국불교와 한국불교에서는 절을 수행삼아서 꾸준히 정진하신 스님들이 적지 않았다. 중국의 경우 당나라 때는 서안에서 오대산까지 삼보일배로 성지순례를 한 일이 많았는데 무착문희 선사가 대표적이다.

또 명나라 말엽에 고심여형율사도 3년에 걸쳐서 삼보일배를 하면서 오대산 금강굴에 도착했다. 그때 한 노파가 가사를 전해주면서 '이 가사는 나의 아들이 입던 옷이다'라고 말하며 허공으로 사라졌는데 허공 가운데서 '내가 문수보살이다'라고 말하는 소리를 듣고 그 후 더욱 신심을 내서 정진하였다 한다. 그러던 중 오대산 다섯 봉우리에서 광명을 발하고 그 광명 속에서 문수보살이 출현해 서광을 여형율사에게 비춰준 이후 대·소승계율에 두루 통달하게 되었으며 성광영명사에서 천불대계(보살계)를 수계한 인연으로 계율을 부흥시키게 되었다고 한다.

지금도 티벳불교에서는 삼보일배를 평생의 원력으로 하는 경우가 많은데 10여 년 전에 '차마고도'라는 다큐멘터리를 통해 그 내용을 감동적으로 접할 수 있었다. 중국 사천성의 수도인 성도에서 출발하여 라싸까지 가는 여정 가운데 그 어려움을 극복하는 신심뿐만 아니라 '중생의 행복을 위해 절을 한다'는 말이 감명 깊게 다가왔고 부러움마저 느껴졌다. 이는 부처님의 가르침을 배우고 실천하는 의미를 바르게 관통하고 있다고 생각했기 때문이다.

스님들이 아닌 재가불자의 입을 통해 주저 없이 그러한 말이 나올 수 있다는 것은 그만큼 생활화가 되어 있다는 뜻으로 보아도 좋을 것이다.

한국의 경우도 큰 불사를 발원했거나 큰 깨달음을 성취하기를 발원했을 때 절을 하면서 기도한 사례들을 많이 볼 수 있다. 최근에도 부산 해동고등학교에서 입시를 앞두고 있는 학생들이 쉬는 시간에 108배를 꾸준히 하면서 성적이 좋아졌으며 인성교육에도 크게 도움이 되었다는 언론기사를 접하게 되었다.

일상생활 가운데 절에서 자주 하게 되는 절은 삼배(三拜)이다. 이 삼배라는 형식의 절은 상대방을 향한 절이 아니고 삼보(三寶)를 향한 절이며 내 안의 불성을 향한 절이라는 마음으로 하게 되면 절의 의미를 잘 살린 것이라고 할 수 있다. 이는 한국불교에서 근간으로 삼았던 대승불교 가운데 일승원교(一乘圓敎)와 대승실교(大乘實敎)의 가르침과 관통하고 있기 때문이다.

진성(眞性)에 공경한다는 의미는 〈화엄경〉의 '심불급중생 시삼

무차별(心佛及衆生 是三無差別)'의 가르침과, 〈법화경〉의 '본자구족(本自具足)'이라는 핵심적인 가르침과 함께 하고 있다. 마음과 부처와 중생이 아무런 차별이 없다는 안목을 갖고 있을 때 우리는 우리 안에 항상한 부처님께 귀의할 수 있고 그 불성을 장애 없이 활용할 수 있다.

무언가를 새로 만들어야만 하는 것이 아니고 본래 구족된 보물창고를 인정하기만 하면 무한대로 쓸 수 있다는 안목으로 세상을 보는 것이 대승실교의 가르침이다. 이러한 가르침의 핵심이 진성을 공경하는 일이고, 이러한 안목으로 우리는 무명을 굴복시킬 수 있다.

가장 낮은 진흙탕에 몸을 던지고 그 인연으로 일체중생이 행복해지기를 발원하면서 하는 절은 스스로의 지혜덕상을 계발하는 일이기도 하지만 대립과 갈등의 세계에 화목과 평화를 가져다주는 좋은 방편이기도 하다. 간절하게 석가모니불을 외우며 일보일배와 삼보일배를 하는 그 마음, 그 느낌으로 정진한다면 깨달음의 순간은 멀지 않을 것이라는 생각이 든다.

무언가를 새로 만들어야만 하는 것이 아니고
본래 구족된 보물창고를 인정하기만 하면
무한대로 쓸 수 있다는 안목으로
세상을 보는 것이 대승실교의 가르침이다.

지도자의 덕목

현재 한국사회는 비선실세의 국정농단으로 전 국민이 분노하며 허탈해 하고 있다. 도저히 이해가 가지 않는 사실들이 매일 의혹으로 제시되었다가 그것이 사실로 규명되는 것을 보면서 지도자의 덕목에 대하여 생각해 보게 된다.

〈본생담(本生譚)〉에는 국민을 행복하게 해줄 수 있는 지도자가 되려면 열 가지의 덕목을 갖추어야 한다고 부처님께서 말씀하셨다.

첫째는 보시(布施)이다. 지도자는 큰 자비심과 연민심을 가지고 국민들에게 베풀기를 좋아해야 한다. 지도자가 인색하고 물욕이 많아 부정한 축재를 하게 되면 복덕이 줄어들고 신망을 잃게 된다.

둘째는 지계(持戒)이다. 지도자는 높고 고결한 도덕성을 갖추어야 한다. 도둑질·사음·거짓말·음주 등을 하지 않고 늘 맑은 정신으로 올바른 판단과 실천을 할 때 체면과 위엄을 지킬 수 있다.

셋째는 영사(永捨)이다. 지도자는 국가와 국민의 이익을 위해 희생과 봉사를 할 수 있어야 한다. 이를 위해서 개인적 안락과 기득권을 내려 놓고 목숨까지도 바칠 각오가 있어야 한다.

넷째는 정직과 성실이다. 정직함을 통해 국민적 신뢰를 잃지 않을 수 있고 성실함을 통해 지향하는 바를 성취할 수 있다.

다섯째는 유화(柔和)이다. 지도자는 친절하고 부드러워야하며 타인과 화합할 줄 알아야 한다. 폭력적이고 독선적인 지도자는 국민의 지지를 얻기 어렵고 하고자 하는 일에 많은 저항이 있게 된다.

여섯째는 고행(苦行)이다. 지도자는 자신에 대하여 엄격해야 하고 감동을 줄 수 있어야 한다. 절제와 검소함을 바탕으로 생활해야 하고 향락과 사치를 멀리해야 한다.

일곱째는 호의(好意)이다. 지도자는 모든 사람에게 좋은 마음을 가지고 자식처럼 대해야 한다. 증오심이나 적대심을 갖고 인연을 대하면 전쟁 등의 소란스러운 일이 끊어지지 않게 된다.

여덟째는 비폭력(非暴力)이다. 지도자는 대화와 타협으로 평화와 화합을 꾀하여야 한다. 공권력을 남용하고 폭력으로 국민을 위협하는 일은 폭군의 전형적인 모습이다.

아홉째는 인욕(忍辱)이다. 지도자는 국가와 민족을 위해 온갖 모욕을 참을 수 있어야 하며 사소한 일에 자존심을 세워서는 안 된다. 나를 추종하는 사람만이 아닌 반대자도 내가 포용해야 하는 국민이라는 생각을 갖지 못하면 지도자라고 하기 어렵다.

열째는 불상위(不相違)이다. 지도자는 국민들의 의향을 거슬러서는 안 된다. 민심을 잘 파악하여 국민들이 원하는 방향으로 나라를 이끌어 가야 한다.

이러한 열 가지 실천덕목에 대하여 국가지도자가 이해를 갖고 있고, 실천하려는 강한 의지가 있었다면 오늘날과 같은 가슴 아픈 일이 발생하지는 않았을 것이란 생각이 든다. 지도자로서의 실천덕목에 대한 철저한 이해가 없는 상태에서 국가조직을 운영하는 규범을 무시한 채 사적인 인연을 가까이 하다 보니 감당하기 어려운 상황이 이루어졌다고 볼 수 있다.

부처님과 같은 깨달음을 성취하고 전륜성왕이 되어서 모든 중생을 행복하고 편안하게 하겠다는 원력을 가지고 열 가지 덕목을 실천한다면 보살도 실천의 좋은 방편이 될 수 있다. 크게는 국가지도자로부터 사회지도자와 종교지도자를 비롯한 많은 사회지도층에 있는 사람과 회사와 가정에 이르기까지 함께하는 모든 이들을 편안하고 행복하게 하며 감동과 존중으로 서로 공경하게 만들려면 꼭 챙겨야 하는 소중한 내용이 아닌가 생각한다.

열 가지 실천덕목 가운데 지계는 스스로의 허물을 줄이려는 노력과 남에게 피해를 주지 않으려는 배려라고 할 수 있다. 원칙을 준수했다면 국가권력을 불순하게 이용하고 이를 통해서 사욕을 채우려는 시도를 막을 수 있었을 것이다. 스스로의 허물을 줄이려는 생각으로 주변을 밝고 투명하게 하며 허점을 보이지 않는 일이 원만하게 이루어졌다면 전 국민이 허탈해하고 분노하는 결과는 발생하지 않았을 것이다.

국가지도자의 그릇된 판단이나 역할이 국가와 사회에 미치는 영향이 지대함을 생각하면 지도자가 되려는 사람은 위치에 맞게 능력을 갖추어야 하고, 사회는 철저한 검증시스템을 통해 능력과 도덕성을 겸비한 지도자를 선출해야 할 것이다.

겉모습을 바꾸려는 노력보다 부처님의 가르침을 배우고
계를 받아 잘 지키려는 노력을 통해
복덕과 지혜가 구족한 모습으로 스스로를 장엄하는 일은
크게 지혜로운 사람들이 할 수 있는 복된 일이다.

여래의 지혜덕상智慧德相은
지계持戒로 이루어진다

부처님의 신체적인 특징은 삼십이상(三十二相)과 팔십종호(八十種好)로써 설명된다. 무량한 세월에 걸쳐서 쌓아온 업의 결과물이 바로 상호(相好)이다.

크게 나눈 32가지의 신체적인 특징을 32상이라 하고 좀 더 세분해서 호감을 갖게 하는 80가지의 모습을 80종호라고 한다. 이러한 상호는 각자가 지어온 숙업과 수행의 결과로 완성되는 모습인데, 특히 계를 잘 지키려고 노력한 인연으로 이러한 좋은 상호를 완성하게 된다는 다양한 사례들을 대승계경을 통해서 확인할 수 있다.

현실적으로 우리 주변에는 호감이 가는 예쁜 모습을 만들기 위해 성형수술을 하는 등의 많은 사례들을 볼 수 있는데, 이러한 과정에서 부작용으로 목숨을 잃는 경우도 있고 수술 후유증으로 보기 흉한 모습이 되기도 한다.

과연 우리의 모습을 긍정적으로 바꿀 수 있는 방법은 이것밖에 없을까? 삼장에서는 보다 원만하게 스스로를 바꿀 수 있는 방법을 수없이 확인할 수 있다.

〈보살지지경〉에서는 '삼십이상은 차별된 원인이 없이 모두 지계로써 얻게 된다. 만약 계를 지니지 않으면 하천한 사람 몸도 얻지 못하게 되는데 하물며 대인상(大人相)의 과보를 얻을 수 있겠는가!'라고 지계를 통해 32대인상을 구족할 수 있음을 설명하고 있는데 그 구체적인 내용을 일부 인용하면 다음과 같다.

"첫 번째는 발바닥이 평평한 모습인데 이는 계를 지니는 마음에 변화가 없고 보시하는 마음이 한결같으며 늘 실다운 말을 한 인연으로 만들어진 모습이다.

두 번째는 발바닥에 법륜상이 새겨진 모습[足下千輻輪相]인데 부모와 웃어른과 축생에게까지 여법하게 재물로써 공양하고 공급해서 얻어진 모습이다.

세 번째는 손가락이 가늘고 긴 모습[手指纖長]이며, 네 번째는 발꿈치가 긴 모습[足跟長]이며, 다섯 번째는 몸이 바르고 곧은 모습[身方直]인데 이는 살생하지 않고 도둑질하지 않으며 부모나 스승을 늘 기쁘게 한 인연이다.

여섯 번째는 손가락 사이에 물갈퀴와 같은 모습이 있어 백조의 왕과 같은 모습[網縵指如白鵝王]인데 사섭법을 닦아서 중생을 제도한 인연이다.

일곱 번째는 손과 발이 유연한 모습[手足輭]인데 부모나 스승이 병으로 고통 받을 때에 손발을 씻고 안마해준 인연이다.

여덟 번째는 뼈마디가 원만한 모습이고 아홉 번째는 털이 위로 쓰러진 모습[身毛上靡]인데 계를 잘 지니고 법을 즐겨듣고, 기쁘게 보시함에 싫어함이 없이 정진한 인연이다.

열 번째는 장단지가 사슴왕과 같은 모습[鹿王腨]인데 지극한 마음으로 법을 듣고 바른 가르침을 널리 설한 인연이다.

열한 번째는 몸이 원만하기가 니구타나무와 같은 모습[身滿如尼拘陀樹]이요, 열두 번째는 서 있을 때 손이 무릎 아래로 내려가는 모습[立手過膝]이요, 열세 번째는 정수리에 육계가 있는 모습이요, 열네 번째는 부처님의 정수리는 볼 수 없는 것[無見頂]인 데 이는 중생들을 해치려는 마음을 내지 않고 음식을 먹을 때 만족할 줄 알며 늘 베풀기를 좋아하고 병든 이를 보면 약 주기를 즐거이 한 인연이다.

열다섯 번째는 음근이 드러나지 않은 모습[陰藏相]인데 이는 두

러워하는 사람을 보면 구해주고 헐벗은 사람을 보면 의복을 베푼 인연으로 만들어진 모습이다. 열여섯 번째는 피부가 부드러운 모습[皮膚細輭]이요, 열일곱 번째는 몸의 털이 오른쪽으로 감겨 있는 모습[身毛右旋]이요, 열여덟 번째는 몸이 황금색으로 빛나는 모습[身金色]이요, 열아홉 번째는 몸에서 빛이 나는 모습[常光明曜]인데 이는 늘 의복·음식·와구·의약·향·꽃 등을 베푼 공덕으로 만들어진 모습이다."

이밖에도 삼십이상 하나하나의 모습이 이루어지게 된 원인은 모두가 계율을 잘 지키고 널리 공덕을 베풀어서 얻어지게 된 결과물들이다.

근래에 우리 사회에서는 외모지상주의에 빠져서 그 피해나 부작용이 적지 않음을 볼 수 있다. 겉모습을 바꾸려는 노력보다 부처님의 가르침을 배우고 계를 받아 잘 지키려는 노력을 통해 복덕과 지혜가 구족한 모습으로 스스로를 장엄하는 일은 크게 지혜로운 사람들이 할 수 있는 복된 일이요, 바른 믿음을 가진 사람만이 할 수 있는 최고의 장엄법이라 할 수 있다.

한 그루의
나무를 심자

매년 봄이면 묘목시장을 자주 찾게 된다. 인연 있는 도량의 주변이 넓어서 빈터에 묘목을 심고 키워서 도량을 확장하는 불사를 할 때 조경수로 활용하면 비용도 절감하고 원하는 그림으로 조경도 할 수 있는 긍정적인 면이 많다. 정성스럽게 가꾸고 보존한 자연환경과 사찰 풍광은 삶에 지친 많은 사람들에게 위안을 주기도 하고 휴식처가 되기도 한다. 이런 의미에서 자연환경의 보존가치는 아무리 강조해도 지나침이 없다.

잘 보존된 전통사찰의 자연환경은 훼손되지 않도록 하고 새로 조성되는 도량은 환경이 곧 무진(無盡)법문이 되도록 만들어야 할 것이다.

올해는 무슨 나무를 심을까를 고민하다가 나무심기와 그 소유권에 대한 내용을 〈마하승기율〉 제33권을 통해 살펴보게 되었다.

한 비구 스님이 승가람 안에 과일나무를 심었는데 그 나무가 자라고 과일이 열리자 스님 혼자 과일을 수확하고 다른 스님에게는 따지 못하게 하여 문제가 발생했다. 이러한 상황을 본 스님들이 '어찌 스님 혼자만 과일을 따서 먹고 다른 스님은 따지 못하게 합니까?' 하며 꾸중을 했다. 이 말을 들은 스님은 '내가 이 나무를 심었으니 보호해서 잘 자라게 하기 위함입니다'라고 했고, 여러 스님들이 이 사실을 부처님께 말씀드리자 부처님께서는 '그 비구는 나무를 심어 크게 한 공이 있으니 1년에 한해서 나무를 그에게 주는 것을 허락한다'라고 결정하셨다.

해(牢)의 법이라고 하는 이 가르침은 만약 비구가 승단의 땅에 과일나무를 심었으면 심은 사람이 1년까지는 그 나무에 열린 열매를 소유할 수 있다는 규정이다. 만일 나무가 너무 커서 1년 동안에 그 열매를 전부 소유할 수 없다면 해마다 한 가지를 지정해서 그 가지에서 나오는 열매만을 소유하는 것을 허락하며, 그렇게 해마다 한 가지를 정해서 모두 소유하게 하고 나서는 나무의 소유권이 승가에 돌아가는 제도이다.

채소의 경우도 무를 심었으면 한 차례씩 가지게 하고 호박이나 오이를 심었을 경우에는 열매가 잘 익으면 한 번만 딸 수 있도록 허용하신 모습을 볼 수 있다. 이와 같은 내용을 참고로 보면 출가자는 일체의 생산 활동을 하지 않는다는 승가운영의 기본방침과는 다르게 부분적인 허용이 있었음을 알 수 있다.

  한편 〈십송율〉 10권과 〈사분율〉 등에서는 꽃이나 나무를 베는 것을 계로써 금지하는 내용이 담겨 있다. 심지어는 조그마한 이끼에 이르기까지도 손상시킬 마음을 내면 죄가 된다고 강조하기도 했다. 이렇듯 자연을 보호하고 뭇 생명을 보살피는 불교의 자비정신은 이 땅에서 사찰주변을 가장 아름답고 환경보존이 잘된 곳으로 만들었다. 이러한 사찰환경과 생태계가 갖는 가치는 상상 이상으로 크다고 볼 수 있다.
  환경을 훼손하지 않으면서도 긍정적인 역할을 하기 위한 시도는 꾸준히 이루어져야 한다. 옛 스님들이 심고 가꾸신 덕분에 철철이 과일을 먹고 꽃을 볼 수 있듯이 후손들이 잘 활용할 수 있도록 매년 한 그루의 나무를 심는 일도 의미 있는 일일 것이다.

  계율에 대한 글을 부탁받은 인연이 있어서 그동안 80여 회에 걸쳐서 계율에 대한 고민을 정리하고 여러 독자님들과 함께하게 되었다.

　너무 어렵게만 생각하는 계율을 조금 쉽게 접하도록 할 수는 없는가를 고민했고, 계율에 대한 오해를 줄일 수 있었으면 좋겠다는 마음을 갖기도 했다. 그러한 내용이 중심이 되다 보니 깊이 있게 접근하지 못한 부분도 없지 않을 것이다. 이러한 인연을 만들어 주신 불교신문사의 배려 덕분에 현실생활에서 계율을 쉽고 재미있게 활용할 수 있는 방법은 없는가에 대한 나름대로의 고민을 하게 된 인연에 감사드리며 필자의 견해가 깊지 못하고 문체가 유려하지 못하여 이 소중한 기회를 잘 활용하지 못한 아쉬움을 갖게 된다.

　봄을 맞이하여 한 그루의 나무를 심어 국토가 장엄되듯 계율을 쉽고 재미있게, 편리하고 유용하게 활용할 수 있도록 하는 일에 조그마한 역할이라도 하게 되었으면 하는 바람이다.

부처님의 계율정신에 쉽게 접근하여 계율에 대한 오해를 풀어내고,
올바른 승가공동체 운영을 위해 필요한 내용에 대한 이해를 높이는
데 조그마한 역할이라도 했으면 하는 마음을 담아 엮었습니다.

— 머리말 中 —

알면 편하고
행복해지는 것들

덕문 스님의 계율이야기

초판 발행일 2017년 9월 28일

글 덕문스님
사진 불교신문사 · 맑은소리맑은나라

발행인 초격스님
편집인 박기련
책임편집 하정은
편집 디자인 도서출판 맑은소리맑은나라

발행처 대한불교조계종 불교신문사
출판등록 2007년 9월7일(등록 제300-207-133호)
주소 서울시 종로구 우정국로 67 전법회관 5층
전화 (02)730-4488
팩스 (02)3210-0179
E-mail ibulgyo@ibulgyo.com

ISBN 978-89-960136-6-2
값 16,500원

ⓒ2017, 불교신문사

※ 이 책에 실린 내용은 무단으로 복제하거나 전재할 수 없습니다.
※ 잘못된 책은 구입하신 서점에서 교환해 드립니다.